# 临津江的黎明

李迁 著

LINJINJIANG DE LIMING

山西出版传媒集团　北岳文艺出版社

·太原·

## 图书在版编目（CIP）数据

临津江的黎明 / 李迁著. —太原：北岳文艺出版社，2021.8

ISBN 978-7-5378-6421-3

Ⅰ.①临… Ⅱ.①李… Ⅲ.①长篇小说－中国－当代 Ⅳ.①I247.5

中国版本图书馆CIP数据核字(2021)第130590号

# 临津江的黎明

李迁 / 著

**出品人**
郭文礼

**选题策划**
韩玉峰

**责任编辑**
韩玉峰

**书籍设计**
张永文

**印装监制**
郭勇

出版发行：山西出版传媒集团·北岳文艺出版社
地址：山西省太原市并州南路57号　邮编：030012
电话：0351-5628696（发行部）　0351-5628688（总编室）
传真：0351-5628680
经销商：新华书店
印刷装订：山西人民印刷有限责任公司

开本：787mm×1092mm　1/32
字数：180千字
印张：8
版次：2021年8月第1版
印次：2021年8月山西第1次印刷
书号：ISBN 978-7-5378-6421-3
定价：59.80元

本书版权为本社独家所有，未经本社同意不得转载、摘编或复制

一

——啊，七十多年啦！

早晨北京木樨地军事博物馆内，宽阔、静谧的空间，明镜般的大楼梯上走着一老一小。老人中等个儿，须眉斑白，方正的脸上有些膀肿，双眼微斜，看东西很吃力的样子；与之对视稍久，你会发现老人黑眼珠上的光点透露出一种睿智与温馨。他上台阶时步履蹒跚，微微气喘，但头颈挺直，上体略向前倾，看得出仍葆有一种军人气度。他牵着的小姑娘，约莫五六岁，上楼梯时连蹦带跳，硬拉着老人向前。小姑娘穿一身紫豆蔻花边短裙，模样活泼可爱。

窗外起了云翳，楼厅内变得有点昏暗。他们走进宽大的抗美援朝展厅，四壁上方挂有放大的志愿军战士或朝鲜人民的摄影图像，沿四周墙壁是一排一般高矮的玻璃橱柜，柜内展出一些原始的，或复制的历史文献、图片、物件。中间高大的立柱旁置有一些仿铜的军人塑像。小姑娘立刻被这些塑像所吸引，好奇地观看着。老人弯着腰，一个不漏地依次观摩着橱窗内的展品，时而戴上老花镜，时而又摘下来，点点头，或是喃喃自语，没人能听清他讲的是什么。他忽然在靠墙角的一个橱柜前停了下来，脸色严峻，似乎有什么惊人的发现。

柜内放的是一张面积不大、发黄的旧作战地图，从其上许多褶皱和用红笔勾出的箭头判断：这是一幅原件，图上有许多蓝色的及与之相对应的红色的弧线，一个宽大的红色箭头由北向南直指一座山头——其油印的标高是134，山的东南并行着一条蜿蜒的河流，旁边标明"临津江"三个竖排的字。它的西侧是邻近地区最高的山峰——马良山。在134与其主脉——金岘洞南山之间是一条斜出的支脉：包括由北向南的三座山峰——122.9、155和134。

"哪有金岘洞这个村哟？"他自辩说，审视着弯弯曲曲的等高线及其旁的地名。

"134，134。"老人喃喃念道，两眼开始湿润起来。

小姑娘向他跑过来，惊愕地拽着老人的手。

"太爷爷，太爷爷，你怎么啦？"

"我眼睛不好……走，我们往前看去，看志愿军怎样打击美帝国主义者。"

他们顺着墙边，逐个地观看柜内的展品，时而稍稍逗留，时而继续前进，最终绕行完了整个大厅，来到敞开的大门口。这时，一缕淡淡的阳光从大玻璃窗斜射到第一个角上的橱窗上，使整个角落豁然明亮起来。

老人牵着曾孙女再次来到角落上的橱柜前，重新审视那表示我军主攻方向的红色箭头和一截截表示敌军防御的蓝色弧线，一个个表示我军已巩固占领的红色圆点和占领后又放弃了的小红圆圈。

渐渐地，他的眼前起了一片云雾，那一截截蓝色短线忽然连接起来，变成了一条蛇行的环形战壕，其前是密如蛛网的铁丝网，其后是一个个吐出火舌的明堡、暗堡和小型坑道口……

那些弯曲的黑色等高线变成许多秃黄的山峰。山顶上发出地动山摇的巨响。134在燃烧。在连续的地震中，弹片、土石、钢板、铁丝网、睡袋与尸体四向飞溅……他又听到了熟悉的我军小分队互相联系的小喇叭声……为占领敌阵地发出的嘹亮的、动人心弦的军号声；腾起的红色、绿色信号弹与地面的曳光弹流相交织，火光中一面远看像宝石般的红旗在134上闪烁……

"那是第二届志愿军慰问团赠送给我团的旗帜！"他自语道，泪水夺眶而出，顺着臃肿的面颊流下。

"太爷爷，你哭啦！"小姑娘叫道。

"没有……嗯，没有，孩子。"他一面拉起小姑娘的手，匆匆走出展厅。

他们下楼穿过大厅和通道，来到军博的大门口，左右矗立着两个雄伟的解放军陆海军战士的塑像，仿佛在日夜捍卫着中国人民军队无坚不摧的战斗历史。老人站在台阶上，骄阳直刺双眼，前面好像一幅奇异的、七彩的光的图画。

门前广场上人群、汽车熙熙攘攘，长安大街上各种型号、颜色的轿车、中巴和大客车急流闪电般驰过；对面街上也是一眼望不断的车流。

林荫道上一对青年男女结伴向前，停车场上飞来几只灰色的鸽子，它们大胆地飞起落下，有的径直飞落到行人面前；两个同样高矮、穿着同样海军蓝童装的小女孩手拉手地在鸽群前徜徉，惊起了鸽群，年轻的夫妇急匆匆地冲向前去，一个手挽一个把孪生姐妹牵了回来，一面笑呵呵地嗔怪着。

一个中年男子驼着个小男孩走过来，孩子不断挥舞着小手，似乎在说："看我，比爸爸还高哩！"

那是个大个子，脸色微黑，北方人的长方脸，很像他认识的一个老侦察兵，想了半晌，老人想起来了："杨庆祥！……一班长杨庆祥！"

他想立即招呼他，又一想，是他吗？他可是黑龙江人，要是他，他的儿子都应该是六十出头了。

"啊，七十多年啦！"他拍了拍自己的前额，双手抱起曾孙女，望着眼前无限繁华的街市，嘶哑地念叨着：

"和平……和平……"

二

——阵地上一只小山雀被炮火吓蒙了。

"嘣！……嘣！……嘣！……"炮弹规律地落在马良山前我军的炮阵地和运输道路上，在苍茫的暮色中发出七色的闪光，只有重磅炸弹或敌人的八英寸榴炮弹在远处爆炸时才会发射出这种奇异而慑人的光芒，它也是敌人例行在夜幕降临前猛烈炮击的序曲。

"柱子他们还没有回来？"谢以简问。

"他们该回来了。"缪金才说。他是个小个儿四川青年，原是炮兵观察员，团主观察所成立临时抽调来的，还带来了一架日制黄色炮队镜，也称炮兵剪形镜。

谢以简坐在观察所洞子内的吊凳上，凳子用三段松木捆绑而成，吊在支撑洞子的桁木上。洞不大，除了吊凳外，还能挤站三四个人。扇形的观察孔向西南展开，周围加了许多伪装的松枝，这些伪装时常被敌炮打飞，打飞之后又重新插上。

暮色葱茏，孔外的视界渐渐模糊，东边雄狮般蹲伏着的马良山现在只显示出一个深暗轮廓。

坐在吊凳上的谢以简伸手能够着的是：挂在木柱松节上的军用水壶；一个挎包，里面放有他喜欢的两三本书；一支50式冲锋枪和一副装在帆布袋内的防毒面具。眼前观察孔土台子上有两个瓷碗，其中一个装满了黄豆，每当敌人放炮时，值班员就把相应数量的豆子抓放到空碗内，直到放满为止，然后把两个碗换个位。

值班员还必须把每次敌人炮击的情形简要地记录在土台上的记事本内，并根据敌炮发射时的火光、方向、声响及齐射的数量判断敌炮的种类、位置、数量，将其标定在复印的敌我前沿阵地图板上。

团观察所位于金岘山的主峰上，地势高峻，马良山前战场尽收眼底。三座前山的前面，就流淌着绿色的临津江，由于这一带山势陡峭，河床狭窄，因此从这儿正面无法看清江水，只有时值天气晴朗，超越我二营主阵地及其前支脉上的三座山头，即：122.9（按美军地图，小数四舍五入，就是标高123，它目前是双方的缓冲地带），敌占的三山中最高的155和其西南的134，可以看到一片开阔地（这是敌人两部队的结合部）和一角在日光下泛着亮光的临津江水。静夜时分，这些不眠的观察兵们能够听到不绝如缕、时而呼号嬉笑，时而低声幽咽的流水声。这声音，除炮火纷飞的时刻，每夜陪伴着他们，他们之中谁又能不为之动心。而那在晚间看不见的深渊般的开阔地——正是侦察兵们每日潜伏夜出活动、厮杀的战场,也是观察兵们心灵紧系的地方。

空中传来几声清脆的霰弹爆炸声,紧接着敌人的"晚饭炮"四处轰鸣起来。我军战士们由于找到了敌人平素炮击的规律,就把早中晚饭前后各一小时的炮击称之为"开饭炮"。敌炮一般射向我纵深防御和交通线、水源,有时也针对马良山的师观察所和金岘洞南山的团主观察所进行坦克炮直射。

一枚炮弹在山后的团观察所休息洞前爆炸,把洞口上的伪装扫荡一空,暴露出黑黝黝的坑道口,这时空中传来一阵尖啸声。

谢以简抬头一看,一架美军老式炮兵校正机正在他们头顶上盘旋,这预示新一轮的炮击即将开始。他越发为去打饭的石柱子和小覃担心。他将大望远镜交给了缪金才,急忙跑到山梁后的休息洞口,抓紧补救一下,用圆木和枯枝暂时加以掩蔽。呛人的硝烟中,两人从他身旁冲进洞来。覃文富端着撒满了"胡椒"和碎叶的菜汤,为了这大半碗汤,他可能准备用性命来交换了;柱子弯着他宽厚的腰背覆盖在一脸盆馒头上,使得飞扬的尘土尽量少落到白净的食物上。

"吃饭吧。"谢以简道,放下了手里的活。

"稍等一下,我还带回来一样好东西。"柱子乐呵呵地从军服大口袋里掏出一个活物——一只黑色、尖嘴、细尾的小山雀。

"我们的小客人,谢翻译。"柱子说道,"这个小家伙像是被炮火吓蒙了,尽是在林地上乱钻乱蹦,不敢向上飞的样子。

更凑巧的是,它一下子蹦到我的面前,左右打转,就是不起飞。我放下脸盆,轻轻一扑,就抓到了手中。"

看见大家都用惊奇的眼光注视着他,他又补上了两句:

"这种山雀叫声好听极了,我京西老家百花山里就有这种雀子。"

开始吃晚饭,观察兵们像往常一样,打出自己那一份,各自端开去吃了。柱子好像一点都不饿,堵在洞口看着地下蹦跶的小山雀。山雀的背部黑黑的,脖子上有一圈白毛,当它扇动翅膀或翘起长尾巴时,就露出肚子底下也有的一圈白色绒毛。

"真漂亮的小家伙,我马上给你搭个窝。"

洞子外面炮声隆隆,小山雀吓得飞到了他们的土床上。柱子大步蹿出洞口,不一会儿,就在山坡上撅了一大把小树枝,有粗有细,就在大家吃饭的工夫,他把一只宽宽绰绰的雀笼子编好了,还设置了一个能开启的小门。笼子里固定着两个翻置的罐头盒盖,分别加了清水和掰碎的馒头渣。

山雀不吃食,不停地跳跃着,不断发出"灰……交……灰……交,古力古力灰……交……"的叫声,这叫声令观察兵们兴奋不已。

"山雀爱叫,喜欢在林子里或村户场院里觅食,它不怎么怕人,可也不大好养活,早早晚晚我还要把它放回山林里去。"柱子说。

柱子本名石玉柱,北京西百花山人,今年二十岁。这个大山的儿子,有着京西山里人那种吃苦耐劳的韧性和山里人爱山林、爱自由的性格。百花山,去斋堂不远,傍着永定河的一条支流——清水河,山势峻峭,森林茂密,夏景天山壑里开满了各色的野花,令人目不暇接。柱子爱故乡的山。夏天上山摘野果,抓小鸟;冬天就跟爷爷一道砍山,砍些椴木、柞木或桦木做镐把、锄把子,他背着这沉重的木把子像山羊一样贴着山崖边的窄径下山;大雪天,他就上山去下夹子,夹些狸貉之类的小动物,至于大家伙,就只有用枪打。爷爷有一杆八角钢制的猎枪,爷俩就用它打那豺狼野兽。

柱子从小父母双亡,全仗爷爷和奶奶拉扯大。爷爷是真正的山里汉子,瘦高的个儿,今年七十二了,还能爬上柳树顶用镰刀把树尖削下来。六十八岁那年,他曾一个人将二百八十斤的锅驼机底座从山底下背到山上。往回退五十年,庚子年那年八国联军占领北京城,爷爷参加了义和团的童子军。听爷爷说,那时洋鬼子经常到北京西郊祸害百姓。有一天,他们一支骑兵队封了斋堂,到了百花山下。他们一把火烧了村口的关爷庙,还叫嚣要杀到山西省去。就在当天深夜,四乡的男女老少全部聚齐到冒着青烟的关爷庙大堂外面,每个人手持火把,火光照亮了半边天。每个人都饮了鸡血酒,发誓要和洋鬼子血战一场,当场小伙子都加入了义和团,青年女子加入了红灯照,大一点的小孩就参加了童子军,大家咬破了手指用自己的鲜血蘸着废墟上的热灰涂抹到脑门上。

"我就是那时参加了义和团的童子军,后来我们还真烧掉了斋堂洋鬼子炮队的马厩,刺杀了他们的卫兵,又过了一些日子,鬼子就退回北京城去了。"

抗日战争时期,爷爷是村里的游击队员。当时日本鬼子占据斋堂乡,不时派特务队到四乡"扫荡",奸淫烧杀,捉拿共产党员和一切抗日干部。老百姓恨得直咬牙。有一次特务队长濑川带着几个鬼子搜村回乡,还牵走了老乡的一头黄牛。就在他们大摇大摆赶回斋堂去时,爷爷和其他队员埋的地雷炸响了,炸断了濑川的双腿,鬼子兵吓坏了,黄牛也跑了回来,几个鬼子垂头丧气地抬着濑川回斋堂乡去,四山上的老百姓见了都大声地嗷嗷叫好。

柱子起小就爱听爷爷讲打八国联军和日本鬼子的故事,这些真实的历史像冬日的烈火一样温暖着小伙子的心,时时激励着他:要做一个像爷爷一样的人。

一九四八年十一月,东北野代军主力入关作代,在天津消灭了陈长捷的中央军,进入北京西郊。团队在京西的崎岖小道上行军,一个瘦高挑的小伙子,脚下穿一双山里人常穿的"山鞋"(用许多层布缝制,厚厚的鞋底上钉满了大圆钉),身上穿一件百衲的斜襟青布夹袄,腰上系的褡裢里插一把弯镰,背后背一个花篓,正在山路旁砍荆条子,见到了侦察排长朱德彪,就一把扯住了不放,硬要部队收下他当兵。

"你多大了?"排长问。

"十六了。"

朱德彪排长长得滚瓜溜圆,很敦实,苏北人给他起了个外号:獾子。獾子知道乡下人说的是虚岁,他其实不过十五岁罢了。

"还小哩,家去吃两年奶再来吧。"一面继续前行。

"呃?——"柱子急了,双手按住獾子的背包。

"眼看就是十七了,怎么样,你不要我?"

獾子向后趔趄了一步,觉得压在背包上的那只手劲不小。再看看他的个儿,比他的兵要高出半个头,有些儿回心转意。

"小伙子,赖上了?……那好,跟我们走一程,到宿营地再说。"

到了宿营地,獾子把这事报告了二股长任兴明,任股长端详了小伙子的模样,又探问了他一些家庭情况,原来他家只有爷爷和奶奶两个老人,就对他说:"你在这吃完饭就赶回家去,跟老人把当兵的事说清楚,他们要是不答应你来,你就不要找我们了;要是他们答应了,你就起早赶过来,你什么东西都不用带。"

"我什么东西都没有。"

"对,就这样,你来了,队伍里管你吃喝拉撒,全包了。"

第二天天蒙蒙亮,柱子背着一袋核桃和杏仁气喘吁吁跑来了,后面还跟着个老爷子。

"俺就这一个孙子,他要当兵,俺拦不住,就把他交给你们了……一点山里果子就分给弟兄们吃吧。"

他又转身对柱子吩咐道:"要当兵要做好样的兵,孩子,打完蒋介石,还回百花山来。"

"记住了,打败蒋介石还回百花山。爷爷,您回家去吧。"

行军号急鸣,身背武器行装的战士们纷纷集合,排长将那一袋果子还放在柱子肩膀上,说了声:"跟着大家走吧。"

老人看着大军迤逦走完了,才缓步回山里去。

## 三

——太阳刚露头,这个京西山里娃就喊道:"老爷儿出来啦!"

和当时所有的新兵一样,柱子当兵后的头一课就是:走路。他是山里人,跋山涉水都不惧怕,但是像步兵部队不分白天黑夜地强行军却使他不能不发怵了。特别是他脚上的一双鞋,虽然坚实耐穿,却不适合快速跋涉。从北京南下,没走几天,他双脚就打满了水泡。他是个不爱说话的人,又是新兵,就这么一声不吭地忍着。有一次,到宿营地歇下,大家都忙着用热水烫脚,他不烫。

"为什么不烫脚?"排长问。

"俺两条腿使得慌。"(京西话意思是:俺两腿累得厉害)排长不明白他乡里话的意思,就说:"让我看看你的脚。"

柱子脱下山里人的老布袜子,只见他两只脚上下左右打满了血泡。

排长给他打了一盆温水,命令道:"洗脚。"

教给他用针把水泡挑破了,擦拭干净,又把自己富裕的一双东北大靰鞡鞋给了他，这鞋是穿过的，鞋帮和鞋底都比较柔软。从换上这鞋以后，柱子走起路来就如同"草上飞"，再也听不见他说"使得慌"了。

衡宝战役之后，为了执行中央战略方针：彻底歼灭白崇禧的桂系军团及国民党残余力量，三十八军和三十九军奉命绕行湘黔桂大山区，从桂西包抄敌军退路。江南山区秋冬季节天气湿热，疾病多，部队日夜兼程急行军，很多战士患了病，掉了队。石柱子却越来越显示出山里娃的优势，他背得重，走得快，从不叫苦，时常担任团队前进的尖兵。在崎岖的苗岭山道上，一个又一个黑夜都走过去了，每当东方山坳里赭红的地平线渐渐变成鱼肚白，一轮红日喷薄而出，映红了半边天空，这一大群夜行人睡意顿失。这时走在最前面的柱子会转过脸来对大家喊出一句京西家乡的土话：

"老爷儿出来啦!"

关外人有许多是早先从河北北部"闯关东"闯出去的，他们几代传下来，仍忘不了故乡的乡音。这时一些冀东和关外的兵就会大声呼应着：

"老爷儿出来啦!"

这一次，柱子是因为在朝鲜五次战役中受了美国细菌战的害，传染上斑疹伤寒，这病来势急且猛，在前线打了许多针不见好，只得送回军后方医院治疗。住了半个月院，病情渐渐好转，不等痊愈，他就死活要求归队休养。院方考虑病伤员多，无奈答允了他的要求。他归队时正值团队重上前线，为了照顾他的身体，就把他安置到了观察所。

柱子在所里不时找机会溜到前面的侦察排去，獾子排长也时常到观察所来，每次来都念叨排里减员多，干部少，任务重，想要让柱子回排去。柱子心细，当排长面不说什么，等排长一走，他就悄悄要求谢以简让他回去。

谢以简同情他的处境，但是这事他自己做不得主，再说，他这里的人手也不多，工作一大堆，都压在这几条汉子身上。因此，他现在只好装聋作哑，就当对方没说过一样。

的确，观察所除了昼夜二十四小时不间断地监视敌人的动态外，还要打通山前观察掩蔽部至山后休息室中间的坑道，加深加固几个观察口之间的交通壕。原先担负防御任务的友军，由于要迎击敌人的秋季攻势，在这一带设防未久。因此，坑道、工事大多未成体系，或是仅仅开个头。我军今春接防之初，首要的任务就是完成这些友军未完成的作业，现在，无论你走到哪里，到处是一片锹镐声、爆破声。

这小小的观察所，是个藏龙卧虎之地，但是人员流动大，司政处、警侦连，哪个单位有事都会从这里抽人，好像这儿是个兵库。其实，所里人多时不过六七个人，有他、梁参谋、缪金才和几个侦察兵，眼下这儿仅剩下五员大将：谢以简——侦察股英语翻译，小缪——炮兵营观察员，石玉柱——侦察排班长，覃文富——侦察兵，再加一个刚归队不久的杨庆祥——侦察排班长。小覃比谢以简小两岁，广西人，初中毕业，在南宁与他同时参军，一块分到团宣传队做队员。

由于他说话方言重,又没有什么文艺特长,演出的效果不佳,但喜欢舞枪弄棒,队里一支三八式马枪,加上八十发子弹,成天由他背着。入朝云山战役后就被调到侦察排,当了一名侦察兵,也许是锻炼吧,也许是排里需要一个文化人的缘故。他扛一杆美制 M1 大步枪,结果在第二次云山战役中就用这杆美国枪打死了一个美国鬼子,改换了一支带三十发梭子的卡宾枪。不久排里全部改换苏式自动武器,他又换了一支转盘冲锋枪;又过了一年,排里冲锋枪都换成我国五零式的,现在他也和大家一样,换成了五零式。他和谢以简在这前线称得上两个秀才,队里做记录,写点什么汇报,当兵的要写个平安家信,无不找到他俩。谢以简从心里喜欢这个和他同时同地参军的小知识分子。

前不久,侦察排在一次去开阔地夜间伏击时,踩响了地雷,死伤四人。在獾子坚决要求下,任股长同意让柱子和小覃归队。由于所里人也少,随后派了两个侦察兵来补位。一个叫赵会,是班长,原是所谓"大炮欢迎来的""解放兵",也就是俘虏的国民党军士兵。他是云南人,高原的紫外线把他的皮肤晒得黑油油的,体力好又灵活机智。原先在国民党远征军中服役,后来打内战,在长春外围作战时被俘虏,不几天换了军服,就成了解放军,调过枪口去打国民党。他对国民党或美国军队有一些了解,还会几句洋泾浜式的英语,不料到了朝鲜还真有些受用。他在解放战争和朝鲜战争中作战勇敢,当了副班长,还入了党。这回是因为腿部被地雷炸伤刚刚痊愈，所以把他转到这里。另一个是华北部队送新兵来的班长，到朝鲜后被留到了我们团里，安排到侦察排，侦察兵们都管他叫"河北老班长"。

夜深了，谢以简走出掩蔽部，站在邻近的露天观察口上，仰望浩浩苍穹，空中飘浮着一层薄薄的乌云，半晌过后，朦胧的云絮间露出北斗星的斗柄，他估计：已经是下半夜了。俯瞰临津江峡谷一片幽暗，坑道内寂然无声，只有西边远处板门店斜射的探照灯光依然亮着，粗大的光柱为低空中的浮云所反射，在天地之间泛着一片白光。谢以简清醒地知道：那里还在进行着另一场战斗——谈判桌上的战斗，它是与我们眼前的斗争紧相联系的。

现在正是雨季，朝鲜中部山区多雨，又有说法：今年夏天的雨水是半岛几十年来最大的，双方都在跟大水斗争，战场上相对沉寂，然而双方的小部队几乎每晚都在开阔地上活动。他静静地凝视着那片昏暗的区域，记起了一号（团长季杰）说过的一句话："等着瞧。"

# 四

——"那好……跟俺们吃一锅饭吧!"

谢以简家住武汉,父亲是京汉铁路局的职员,二十世纪四十年代时局艰难,继母也在路局里找了个工作,但米珠薪桂,法币不断贬值,家里弟妹众多,生活依然十分拮据。以简排行老二,上有一个姐姐,生母在生下他三天后因病去世,她全仗继好婆(谢家祖籍吴东,吴东人管外婆叫好婆)一手拉扯大。因此,大人里面他只跟好婆亲近。好婆是个热心肠的人,对这个一生下就死了娘的孤儿十分呵护。以简长大了,也是个热心肠的年轻人。

一九四四年,桂林被日寇占领,他们全家搭乘公家卡车逃往重庆。车上还携有几个司机搭带的"黄鱼"。其中一位是以简中学的国文老师,也是位诗人,一路上在车上车下写了不少写实的诗稿。以简那年十三岁,对其中的奥妙不甚了了,但看得出诗人在为穷苦的人们呼喊,因而对这位诗人兼老师的人十分尊重。车眼看就到重庆了,停在青木关等候检查。等候的时间长了,诗人和几个同龄的车友们吃饭闲聊去了,到卡车放行时还没有回来。车就要进城了,他们的行李还在车上,大家都主张把它们扔下车去,可是以简坚决不同意。因为一扔下去可能很快就会被过路行人拾走。车上的人都反对这个小伙子的做法,只有老太太一个人支持他,她诙谐地说道:"就让他把这几个'炸弹包'带走吧,要完我们大家一起完!"

他在站门口,贴了几张字条,写明谢家舅舅家的住址。到了重庆,他不惮烦琐地把几个"炸弹包"保存了起来。过了两天,诗人和几个车友果然找上门来,千谢万谢后把各人的行李包扛走了。

抗战胜利,谢父作为接收人员,从重庆回到汉口京汉路局,谢家和上司靳处长家共住原法租界兰陵路上一座二层红砖小楼,谢家住楼下。靳家只有一个女儿,加上老妈子才四个人,他们要求绝对清净;可是楼下人口多,孩子喧闹,楼上楼下不断发生龃龉,谢家由互不言语到最后被撵了出来,搬到汉口车站路附近一家油坊的四层楼上。

谢以简在江对岸的一所省中念书:是全公费,一个月才回一趟家。正处在充满叛逆性的青春期,他除好婆之外,在家庭中感受不到温暖,而且随着年事增长,对人情世故也变得越发敏感起来,以致在一九四八年的一天,在家中大闹一场以后,从家中出走了。

在政治哲学上,由于受国民党长期宣传教育的影响,他对共产党有许多误解,他欣赏英国工党理论家拉斯基的折中主义哲学。但生活是一切声音中的最强音。百万解放大军横渡长江，桂系在衡宝战役中的溃败，加上几位党的外围组织成员的帮助，使他顿悟前进的正确方向，一改过去那种自以为中立的、与世无争的灰色的世界观，决心投入人民大革命的洪流中。

至今他清楚地记得一九四九年末在南宁市参军时的一幕。

十二月四日午夜，团队突入南宁市——桂系的最后堡垒，并奉命担任全市的卫戍任务。离邕江一步之遥的桃园路，原是桂系上层云集之处，一座座西式小楼鳞次栉比，道边种植着一排排南国的棕榈和木瓜树。道上堵满了蒋桂军遗留下的轿车和军用卡车。

一所带半圆形前厅的小楼大门洞开，这是团宣传队的临时驻地。几位别着用红布包着手枪的队长、分队长们与团政治处的干部进进出出。

一个穿着旧中山装的小伙子走了进去，他中等身材，一双只有少年人才有的明亮的黑眼睛，其中糅合着温柔与好奇的神情，一张还带稚气的、圆圆的脸。

"你们这儿招收新队员吗？"

"是啊，"桌旁的队员答道，"叫什么名字？"

"谢以简。"

接着便是填写简历和视唱。迎窗的墙上贴着一张用毛笔写的大字的歌：《赶牲灵》（陕北民歌）。词的上方配有简谱：

走头头的那个骡子哟,
三盏盏的那个灯,
哎呀,带上了那个铃子哟,
……
哇哇得的那个声。

白脖子的那个骡子哟,
朝南得的那个咬,
哎呀,赶牲灵的那个人儿哟噢,
过呀来了。
……

他使出全身解数唱出那高亢的陕北高原的号子,当唱完最后一句拉腔,颤音仍在半圆形的穹顶内回响。队长走了过来,频频点头,一面把他拉回小桌旁,问道:

"当个解放军,下定决心了吗?"

"下定了。"

确实,当他目睹大军进入街区的威武雄姿,看见团宣传队员们在震天的锣鼓声中大步地扭着秧歌舞,都是些男子汉,是他见所未见;还看到有的队员把梯子靠到大幅白墙上,不打草稿,不用样本,一会儿就用大画笔画出一幅华君武式的漫画时,他已下定决心,要当一名这样的解放军了。

"那你就留下来吧。"队长说。

这时，另一个小伙子走了进来。这年的冬天，南宁市特别阴湿、寒冷，战士们都穿着新发的墨绿色棉军装，可他只穿一件发黄的白色短袖衬衣，身形黑瘦。

"叫什么名字？"

"覃文富。"

"什么地方人？"

"南宁的，二塘人。"

视唱同一首歌，小伙子大约是有生以来头一回，他识得一点曲谱，但无法将它与歌词融合，唱了半天还在摸索头一句："走头头的……骡子……哟。"

谢以简看见旁边一个副队长不断摘下帽子，似乎示意队长："够了，他不行。"

"你家在这儿，你先回去，有消息我们会通知你。"

"我不回去。"

"你不回去，你想干什么？"

"我想参加你们的队伍。"

"哈哈，这个娃子……不走了……"

"你今年多大了？"

"十五。"

"够大的。"队长说说自笑起来。

"吃早饭了吗？"副队长突然温情地问道。

"还没有。"

"也是个穷孩子。"

队长和副队长悄悄商议了一下,脸上现出了微笑。

"那好吧,稍过会儿,你和他。"队长指着谢以简道,"跟俺们吃一锅饭吧。"

# 五

——这蓝色的天空是和祖国的天空连在一起的。

当杨庆祥来接班时,他已经在露天观察口上站立了很长时间,像一堵墙似的江对岸敌人的主阵地上,偶尔有白光闪烁,那是山上的坦克炮垒在进行点射。

站得时间长了,四周渐渐变得明亮一些,借着星光,他看清观察孔上堆放的麻袋,和那屡次被炮火打掉后又重新插上的伪装树枝。

空中由北向南有红绿灯光闪烁而过,这是两架敌B-26轰炸机在执行完狂轰滥炸的任务后,正要飞回它们在三十八线南的基地。

这连雨天转晴的夜晚使他非常高兴,此时,战争似乎距离他十分遥远,他像个哲学家似的站在这黑暗环抱的山峰上,默默地任意地冥想着战争、和平、家庭、人生,以及那远方的爱情……偶有所悟时,就像在与这宁静的大地、宇宙进行心灵的对话。

"和谈能够成功吗?"杨庆祥问,声音犹如梦呓。

"谁知道?"他抬头道,"鬼子扬言要用飞机和大炮跟我们辩论,这跟和平能扯得上吗?不过,等到我们真把敌人的气势压下去后,和谈也许会重新开始。"他重复着首长讲过的话。

开阔地方向传来阵阵的枪声,看得见曳光弹的火流,过了十几分钟,原野复归于平静。

"砰!"155高地上向西北方向腾起一颗照明弹,它在观察所上空飘移着,发出白炽的光焰。

借着照明弹的光照,谢以简转身看到杨庆祥端正的北方人长方脸的轮廓,觉得很生动,现在他的睡意全无。

侦察一班班长杨庆祥在排里称得上是老兵了,真正的农民子弟兵,黑龙江三肇地区人,祖孙三代都是扛活的出身,爷爷不到年龄就去世了,父亲给地主种大田,赶车,他给东家放猪,算个半拉子。一九四六年在松花江北岸的土改中,分得了土地、房子,娶了媳妇,还分了一驾马车,十几头羊。可是几乎没等结婚的热炕头变热,他就去捍卫自己的革命果实了。

他由西满军分区辗转分配到这个作战部队里,在多年艰苦的行军和战斗的烈火中,锤打成了一名真正的战士。先是在步兵连,后来调到团侦察排,在突击义县外围的战斗中,他与另一个侦察兵用白刃刺杀了卫兵,生俘敌上校团长;在南下湘中南的战斗中,他和獾子(当时是副排长)一起,率领一个班，突入国民党军的一个师部，俘获了一堆军官和文件、装备，事后立大功一次，晋升为侦察班长，而獾子也因此被提升为侦察排长。

解放战争打了三年，三年他没能跟东北老家通过一次信，那是战争年代，出来了就不要想半路回去。他也和每个参军的战士一样，唯一的希望是：早点儿打败蒋介石，好回家去过自家的安静日子——在春景天套上马翻地，播种玉米和麦子；到了夏天，是关外的好时光，村长在村口一吆喝，男子汉们都拿起大钐刀去大草甸子上打草，没白天黑夜地干，直到一望无边的草甸子上再见不到一人高的蒿草。然后，就是一连几天搬动这些晾晒在地上的干草。一辆辆大车上干草堆得像一座座小山，车老板们双脚站在辕木上，背靠着草堆，兴奋地挥动着响鞭，将晃晃悠悠的大车赶到家门口，再用长长的垛叉把一车车干草堆放到平房顶上、房后的空地上，以躲避冬天从西伯利亚来的寒风袭击……

他有好身板，又有气力，爱那祖上代代传下来的庄稼活计，喜欢辕马奔跑时的颠簸，收割庄稼时的汗流浃背，听摇窝里婴儿的哭笑声。

"不知道我还能看到我的小崽子吗？"

"能，肯定能。"谢以简干脆地回答道，但他心底里有另一个声音让他不要回答得这么痛快：很清楚，自进入阵地以来，侦察排经常遇有伤亡，伤亡率高于一般步兵连。

"我羡慕你，谢翻译，一个人无牵无挂。"

他在想家了，谢以简想，小伙子离家久了，谁能不思念家？何况像他这样新婚即别的汉子。

一九五〇年秋天，朝鲜局势转紧，部队从中原调往辽东半岛备战，到十月间官兵们纷纷报名参加中国人民志愿军。就在团接到随时准备过鸭绿江作战命令时，老杨的媳妇从黑龙江赶到辽河边来了。连里为了照顾小两口难得的聚会，特意把小连部让出来供给他们使用，两天之后他送走了年轻的媳妇，第三天就踏上了赴朝作战的征程。

到五战役后，我军供应逐渐改善，形势基本稳定下来，部队恢复了与国内的通邮。不久，黑龙江家里传来了喜讯，媳妇给他添了一个胖小子。

今年上阵地后，老杨又收到一封家信，信是谢以简念给他听的，中间说道：

……孩子已经半岁了，长得和爹一样结实，就是至今还没有起名，姥姥随意给他起了个小名叫"铁弹"，亲戚们就这么叫开了……

房子窄，我在后墙根加盖了一间小仓房，用土坯砌的，仓房里有地窖，冬天能储存土豆、萝卜、大白菜。我又渍了两缸酸菜，你回家三个人都够吃了。就是夏景天没人去草甸子上打草，冬天的烧柴成了问题，亏得街坊们给送了一些柴草，将就烧着，我又买了点木桦子掺和着用。可是我要看孩子，大斧子抡不动，那天隔壁赵大叔看不过去就帮我劈了半垛子柴，你别忘了人家。……

"在俺农村，一个人家缺了当家的不行。"老杨说。

"是啊！"谢以简说，一半是为了安慰他自己。

他也有个家，虽说不像别人那样梦萦魂牵，总归是个家。当军邮来时，看到别人收到一大摞家信时，他真是十分羡慕。他无法忘怀半年前收到的一封家信，信中说好婆（外婆）、爹爹和继母都很好，爹爹每天都看报，专门注意朝鲜前线的消息。信中也附带提到了他以前的女友靳溧洁，说靳小姐在美国东海岸一所大学里学画画，不久前因为肺结核，不得不休学。又说其父靳处长已先期调往郑州铁路总局，现在两家有些来往云云。

靳溧洁是靳处长的独生女，一九四八年在汉口一所教会女子中学念高二，比以简小两岁。自两家发生龃龉，谢家搬到油坊四层楼上去后，大人间再也没有什么来往，只有靳小姐仍不时往四层楼跑。

"谢家人不错，我就是要往那儿跑。"她对爸妈说。

这位在家四体不勤的小姐到了谢家，却主动帮好婆和以简干活；她和以简一样，跟好婆最亲。

她喜欢绘画，主要是西洋画；以简也喜欢画，主要是中国画，像张善孖的虎和任伯年的人物。他还喜欢做些不花钱的泥塑、浮雕。小姐虽不能动手，对之却爱不释手。日积月累，两个敏感、叛逆的心终于糅合到了一起，两个人只要能从家里出来，就跑到一起，以简感觉这狭窄的四层楼上只要她来了，就充满热气。

周末黄昏，二人常常漫步在靳家附近的汉口沿江大道上、江滩边。他们谈美术，谈演剧六队新上演的《大雷雨》，两个人都深深同情那勇敢的悲剧主人公卡杰琳娜；他们谈时事，辩论第三条道路的真假。近午夜了，停泊在江心中的一艘美国驱逐舰打开了探照灯，耀武扬威地向江面和岸上扫射。他们感到既可恶又好玩，好玩的是每次灯柱扫过他们跟前时，他就看到了那个姣好的女孩面部侧影：这是他的恋人，他为之骄傲。

他们也谈哲学，主要是一个讲，一个听，他讲得并不深刻，学问经世还太浅，但他讲得热烈真诚，居然也打动了另一颗脆弱的心。二人争论世界，一个说很大：我们什么地方也没去过，许多东西、许多人都没有见过；一个说世界很小：前天她大姑父还在美国东海岸，昨天就到了汉口。据说：姑父膝下无子女，很想把她带到美国去。姑父原是桂系的一位将领，在美国负责采购，二次大战胜利后退役，留在新大陆，开了一家广东菜馆，生意很红火。

时间晚了，总是谢以简像大哥一样，说："我们该回去了，要不你爸妈又会责怪你。"

二人一起走近靳家那座法式小红楼。

"再见。"他说。

"什么时候，你说。"

二人总是在约定下次见面的时间、地点后才拉手分开。

他按照谢家无言的规矩，从不迈进靳家门，至于这对年轻人的关系，正如好婆说的：一定是天生的缘分，你就是用大棒子打也打不开的。

一九四八年秋天，正当两小和谐无间时，谢以简因为和家里大人怄气，主要因为他太年轻气盛，再加上多少年来，他一直想独立生活，到大世界去看看，他从家里出走了，离开了武汉市，流浪到江南，由此有很长一段时间他与她的联系中断了。照他自己的想法，等有一天混得有点模样了，再去汉口兰陵路拜会丈人家。

可是过了一年，他还是没有混出一点儿模样的意思。而且时局急转直下，战火燃烧到湖南，他连饭碗都自保不暇。这时候，靳溧洁收到了他的信息，知道他在湘中邵阳，就不远千里去到那里，和他度过了难得的又是难忘的三天，然后随着大姑父去到了广州，在那儿办了签证，经由香港，乘邮轮去了美国。

经过靳溧洁的反复说合，两家人重归于好，靳太太逢年过节，偶尔也去谢家四层楼上坐坐。现在，当着谢家人的面，她夸奖谢以简是个好小伙。

　　她休学了，病得一定不轻，要不这个倔强的姑娘是不会把事情和盘向她爸妈说出来的。

他想象她孤独地坐在纽约中央公园最僻静的一角上，正拿着画笔在作画。她画的是树林的一角，绿得发紫的浓荫、黝黑的树干，而在另一角上是蔚蓝的天空。

这是她的希望，只有这蓝色的天空是和祖国，和家乡的天空相连接的。她一定会回想起两人在武昌黄鹤矶上俯瞰大江东去，在尽头与蓝天融为一体的景象……

一颗陨星在远处坠落了，在闪烁的星空中划过一道耀眼的光痕。

"得活着，为了孩子。"杨庆祥道。

"也为那些关心你和你家的人。"他应和道。

"砰！"又一颗照明弹从155腾空而起，照亮了昏暗的山谷，也映射出两个不眠人的身影，一阵阵清洌的晚风抚过他们发热的面颊。

# 六

——地雷：侦察兵的魔咒。

天下着小雨，黑暗统治着整个134与西江市两山间的开阔地带，从马良山麓流出的溪水泛滥，到处发出幽咽般汩汩的流水声。一支侦察小队正沿着湿滑的沙岸搜索前进。

入夏以来，由于阴雨连绵，敌我双方的夜间侦察活动都减少了。昨日一号召见任股长，告诉他：不能完全由老天爷控制这大片开阔地，我们的人必须控制它——侦察排仍旧要加强夜间侦巡、伏击的频度；同时，由于目前敌我都处于备战、相持阶段，——侦察小队暂时不必深入美军主阵地，以免打草惊蛇并受到无谓的损失，当下主要任务仍是阻止敌侦察小分队控制开阔地，渗入我阵地后方。

今晚带队活动的是队长——侦察一班班长杨庆样，副队长二班班长石玉柱，二人都是刚从团主观察所调回排里的，战斗热情很高；另有一班副班长赵会，一个机灵鬼和老侦察兵；火力组由两个人组成——外号"河北老班长"的二班副班长和"大个儿"张有余，两人都是入朝三战役后由华北部队补充来的。"老班长"性格沉稳，口讷，肚子里有算计，而且人缘好；张有余是个彪形大汉，冀东人，平时似乎有使不完的力气，加上他遇困难敢上，因此排里安排他任机枪手，扛一挺郭留诺夫式转盘机枪。还随身携带两个备用的子弹圆盘，这三件兵器加上步兵的其他装具，像锹、镐、匕首、长短绳、干粮袋等，足有四十斤重，他能行动自如，从不掉队，从不叫苦。"大个儿"的缺点是：行动上有些自由主义，喜欢自作主张，为此今晚活动排里特别安排他的老乡"老班长"做他的搭档，有意盯住他点，避免不必要的差错。

午夜已过，雨势减弱，但是侦察兵们穿的单衣都被雨水和汗液浸透，脚下的胶底鞋内也满是泥水，走起来吱吱作响。低空中不时有敌方的照明弹腾空而起，近山顶上美军的重机枪或高射机枪每隔一段时间向开阔地或山脚下交替扫射，实行火力封锁。

"到134山脚下了。"杨庆祥对跟上的赵会说。不远处西江市废墟后传来隆隆的马达声，坦克的前灯光柱跳动地扫过开阔地和134山麓郁郁葱葱的树林。侦察兵注意到，附近地面长满茂密的灌木和高草，在照明弹和坦克光柱直射下泛着点点磷光。这一切与我军阵地圈形成鲜明的对照：我们那儿是遍地焦土、裸露的岩石和枯树残株，不见一点儿绿色。

这种景象反倒帮助了夜间活动的侦察兵们，他们利用照明弹时明时灭和敌机枪曳光弹流的映射，像兔子般悄悄从一个树林、一个草丛钻进另一个树林或草地。此刻，五个人已绕过134和155山下，来到122.9高地的山前。小队今晚已环绕溪左开阔地和敌临津江畔三山的外围搜寻了一个大圈，未发现敌军有何异常活动，任务基本完成。杨庆祥示意大家在山脚下一片积水潭边分散隐蔽休息，然后即穿过122.9高地的火力封锁，迅速向我二营前哨阵地靠拢，再经二营至团部的交通壕返回侦察排坑道。

不知何时毛毛细雨已完全停歇，天空中铺满滚包似的云絮，一弯下弦月悄然浮游而出，地面上渐渐变得清晰起来。

寂静中不远处传来一阵叽里咕噜的说话声。又一颗照明弹"嘭"地一声腾起，闪烁的镁光使四周显得更加明亮。说话声仍在继续。侦察兵们紧握武器，发现话声出自正前方不足二十米远的一个小山包上。仔细观察，山包顶有一垛不长的胸墙，那里肯定是敌人的一个前进哨所。按照美军的惯例，通常由二人携一挺30机枪值勤，鬼子兵大约深夜闲得无聊，小声攀谈起来；过了一会儿，他们像抽风似的又向山下扫射一番，用赵会的话是：鬼子打的是壮胆枪。

杨庆祥爬到柱子身旁，趁敌枪响小声说道："看见了吧，现在五对二，是个好机会，咱们得捞它一把。"

"干掉它？"

"不对，要活的，抓一个'舌头'回去好向一号交代。"

柱子抓住杨庆祥的手说："不行，一号临走前交代过：要我们不要深入敌人阵地中，不要打草惊蛇。"

"这儿不是敌人的阵地，只是它的外围，抓一个舌头，让他吐出122.9的设防兵力、设施，有什么不好？……"

"柱子，就这样干，出了事我负责。"

情况紧急，石玉柱不再和他争辩。杨庆祥用右手向前划了个半圆，命令：石柱子和赵会迅速上到敌掩体背后，待正面我们的枪声一响，立即扑向敌人，抓不到好的，抓个受了伤能说话的就行。同时命令老班长和张有余悄悄进入附近一个高地，架上机枪，准备掩护捕俘组动作，压住对方的机枪。最后又嘱咐二人：立刻进入位置，小心敌人的地雷。

小山包上敌人重机枪仍在盲目地扫射着，柱子和赵会不理会它，小心地穿过一个个灌木丛。老班长借朦胧的夜光搜寻到右前方十几米处有一个土台子，正好避过敌正面火力，可以架设机枪。但是要去那儿需要蹚过几个大小不一的积水潭，他毫不犹豫地大步踏着积水过去，一面向后投了一个小石块，示意大个儿跟随他的路线走。

大个儿借照明弹闪亮望了望泛着银光的水面，看到水边的草丛稀稀拉拉，不太能隐蔽什么，他不想把湿漉漉的解放鞋再浸泡到水中，就沿着岸旁用细树棍拨了拨草丛，轻轻晃动了几下，提着机枪大步向老班长的背影迈去。

他感觉脚下被什么东西绊了一下，可能是根绳子，而且绳子已经断了，他下意识地叫了一声："啊！"随即被猛烈的爆炸碎片和气浪击倒，遍体鳞伤，头部、胸部热血涌流。

哨位上的敌人惊醒了，重机枪疯狂地扫射过来，122.9山上发射的迫击炮弹一个接一个落在水潭周围，一个弹片击中了老班长的肩部，他忍着疼痛，大声呼叫侦察兵战友："地雷！地雷！"

偷袭的意图已完全暴露，杨庆祥一面用冲锋枪向地堡还击，一面掏出小羊角喇叭使劲吹起来："呜呜……呜呜……呜……呜……"

这是呼叫二营火力救援的信号。

四个人急速向张大个儿倒下的地方集合，只见大个儿头部被炸开，已经没了气。

"该死的地雷！"杨庆祥连声骂道，同时大声命令："撤！快撤！……我掩护！"

赵会已用三角带给老班长包扎好伤口，正准备撤离，石柱子叫住了他：

"张大个儿怎么办，就摆在这儿？"

"现在是救活人要紧，顾不了死人啦，而且，大个儿这么沉，谁能抬得动他？柱子，快撤！"

"敌人会糟践大个儿尸体，不能让它留在这儿。"柱子的犟劲上来了，他一把拽住赵会，把冲锋枪交给了赵会。

"老赵，帮一把！"

柱子使尽浑身力气，抱起大个儿尸体，在赵会的帮助下放到自己背上。尸体又高又重，双脚不停蹭着地，他不得不走走停停。

敌人的炮弹继续在他们周围爆炸，机枪曳光弹不断落在了身旁的灌木丛中。赵会时而上前搁起大个儿的臀部，让死

侦察兵在月光下接近敌堡

（选自《志愿军一日》第一卷）

者两脚悬空；时而用双手抱起死者的双腿，两人像抬担架一样抬起死者向前奔去。

"走！……走！……"柱子大声叫着。

"该死的地雷……该死的鬼子！"杨庆祥还在念叨着，时而回过身，向那冒着光焰的山包扫射一梭子。

四个人玩命地在溪边沙滩草地奔走，渐渐远离敌人火力追击范围，直到凌晨前才精疲力竭地爬上二营前卫六连的阵地。柱子伴着尸体守在六连坑道里，杨庆祥带领三个人顺着交通壕回到了侦察排，稍稍喘息后立即向二股长和一号汇报当晚的搜索侦察过程和张有余被地雷炸毙的经过。一号没有批评二股长和侦察兵们，认为：战斗侦察中牺牲是难以避免的，只是现在大仗还没有开打，能减少的战伤和非战斗减员要尽量减少；不管怎样，他们发现了122.9的一处布雷区和一个前沿暗哨，对我们不久后攻打该高地是有利的。最后，他要求警侦连派人去二营阵地给死者头部包扎一下，裹好尸套，用担架抬到团的后山，找一处敌炮击的死角安葬，坟前应插上写有张有余同志姓名的木牌。

"埋葬时候要不要鸣枪致哀？"任股长问。

"要，侦察排可以派三个枪兵对着北方天空鸣枪三次。"一号说。

# 七

——小山雀不停地鸣叫，坑道内弥漫着呛人的气息。

七月份大雨连续不断，谢以简常常从梦中惊醒，梦见大水淹没了金岘洞南山。临津江两岸成了一片泽国，团观察所的坑道也变成了一条水洞，人们慌乱地在齐腰深的水中寻觅旧物。

清晨，他披上雨衣，走到高冈上，发现金岘洞山谷两边的山腰上，所有的坑道口外都站满了人。他沿着被雨水冲塌了的交通壕急奔向前山山后的侦察排坑道口，远远地就听到一片震耳欲聋的轰鸣声，在山谷间回响着。

"山水，这是山水！"有人惊呼道。

只见侦察排的坑道口已变成了一片白花花的瀑布，无尽的大水从洞口涌流而出，冲垮了洞前堆积黄土的平台，裹带着沙石、杂物和圆木，一直冲到峡谷溪流中。遥望远处低平的开阔地带，已与134山脚泛着黄水的临津江连成了一片。

他走近呆呆地伫立在坑道口上方的侦察兵，他们告诉他：

山洪是在半夜里突然冲出来的，它把甬道里堆放的所有物品和两个还在睡梦中的侦察兵冲到了山下，至今没有下落，多半是顺着山溪的大水流走了。其他的人只好等洞里水势平缓一些时，简单收拾一下武器弹药和剩余的东西，手牵手地走出水洞，他们平日随身带的一点个人财物大都为大水吞食去了。

"那只山雀也被大水冲走了吧？"谢以简问。

"没有，那个雀笼幸好挂在高处，柱子又睡在洞口上，听到了人们喊叫，他就抱着雀笼三步两步冲了出来。"

以简清楚地记得前天上午他去侦察排时，獾子排长还为小鸟的事与柱子发生争吵。

"你等着，"獾子瞪着两眼说，"早晚我非把它扔出去不可！"

"你试试看，"柱子用手护着雀笼子说，"我倒想看看谁敢没收我的这只山雀。"

獾子转而诉诸甬道四周的人，"这雀子吵死人啦，同志们晚上出去活动，回到家都后半夜了，这雀子天不亮就叽叽喳喳叫个不停，还让人休息吗？"

"洞子里黑，不到大天亮它是不会叫的，都是开早饭的时候了，它还会影响谁？再说，这洞子里，山雀的叫声多好听啊。"

任股长的小洞在坑道底部，他坐在那儿听二人争吵，一声未吭。其他的人更是沉默地在一旁冷眼旁观。

"柱子，你不消跟我较真，我也是为了人家好。"獾子见任股长和所有的人都装聋作哑,心里先凉了半截,又清楚柱子的犟脾气,也就自己给自己台阶下。

"你看着办吧。"他说道,离开了柱子的小洞。

大水来得猛,也退得快,不过一周工夫,山谷间又恢复了原来的样子,这一大群四处藏身的人们又回到了原来的洞子里。甬道里,睡觉的土台子上到处都是沙石、污泥、杂物,够人们清除好几天。一出太阳,阵地后方,枯树林里,晾满了军械、衣被、书报等物品,像是开旧物集市。

敌人似乎已发现了这个情况,绿头苍蝇似的炮兵侦察机整天就在头上转,敌人的远程炮火不断对团的主阵地进行袭扰,他大概想把我们的人都憋死在这又湿又闷的坑道里。

午夜,观察所的同志们累了一天,正在熟睡中,一颗重磅炸弹直接命中山后休息洞的顶上。坑道由于靠近峰顶,土石层较薄,整个洞顶塌陷下来,把几个正在睡梦中的人埋到了土石堆内,一时失去了知觉。等到山前的值班员跑来把大家唤醒,并且扒开土石,人们蹬蹬脚、伸伸手、摸摸脑袋,发现"机器"还完好,就挣扎着爬了起来。再抬头看时,只见洞顶上一个大洞,露出幽暗的夜空。厚厚的棉被和放在脚跟的衣服都被埋葬,谢以简只得带领大家在附近择一处平坦的林间空地,支起雨篷,铺上现有的几块木板,也顾不得敌炮还在冷射,几个光着膀子或仅穿着衬衣的人裹在一起,继续熬过了这炼狱般的后半夜。

过了三天,前面又传来一个噩耗:

由于连天瓢泼大雨，侦察排已有几天夜间没有出去活动，这天半夜，雨时下时歇，獾子说：该出去转悠转悠了。就派了一个班去开阔地进行游动侦察。天亮之前，队伍顺利回到洞里。没有多大工夫全体已进入梦乡，他们这些日子实在太累了。

黎明时分，正当阵地上的人仍在熟睡时，江南的敌人向侦察排洞口悄悄发射了三颗毒气弹。

毒气弹落在洞口前被大水冲刷的平台上，它的动静不大，加上排里外出的人回来得很晚，因此没有再派出值班哨兵。不知不觉间毒气借着南风往洞子里蹿，越积越多。

洞内仍是一片鼾声，此起彼伏。这时，那只挂在洞口处休息室内的山雀不断地扑腾、鸣叫起来：

"灰……交，灰交，灰交……"它一边扑腾着，直到雀笼子落到柱子的脚上。

柱子惊醒了，急去抓雀笼，突然闻到一股呛鼻的气味，他想起来，这是敌人在乘隙放毒气，他一手提着雀笼，不等去拿挂着的防毒面具，就冲进甬道中间，大叫：

"起来，起来，鬼子放毒气啦！起来！"

黄色的毒气已深深潜入洞子深处，到处弥漫着刺鼻的烟气，人们已来不及寻找、打开防毒面具，歪歪倒倒地冲出坑道。有三个沉睡在坑道底部的侦察兵还来不及醒来就永远卧倒不起了。

# 八

——一个有着光荣历史的步兵团。

又一场灾祸降临到侦察排的头上。谢以简奉命一面加修坑道,将山前和山后的短坑道打通,并将邻近的交通壕一律深挖至一米七以上,另一方面,加紧观察敌人早晚间的炮击、轰炸动向,发现有毒气烟雾,立刻与有关单位联系。

第二件事属观察工作本来之义,第一件事却着实难为了他。山顶上土层薄,大都是花岗岩石,有些还是与山体相连的巨石。他没有炸药、没有红炉,十字镐刨坏了一把又一把,要找军务股的人换。人手少,几个人的手上都刨起了大泡,两臂肿得厉害,却没有人换。没有别的办法,大家只有凭着青春与气力从早到黑,轮番挥动大镐,捶打钢钎,要把地球打个洞。每天的进度像绣花。上山来的师团首长不断,看了他们的进度,有的不免批评几句,谢以简无奈,只得虚心接受,眼泪在眼眶里转。等首长们下山了,他会悄悄地对杨庆祥说:

"怎么办?……可我们都已经尽力了。"

他回忆起一号亲自交代他任务时的情景:

是上阵地后的第二天,股长告诉他一号正在参谋处的洞子里有事要找他。他匆匆赶到那里。当时刚接防,团参谋处与政治处挤在一条狭窄的短坑道内,通道潮湿黑暗。他来到一间较大的短坑道内,洞壁挂满了五万分之一的朝鲜中部地图,洞子没门,他就在洞口立正喊报告。

"进来。"季杰转身应道,一面放下手里的军用电话。电话机就安在一张由两个木桌拼起的大桌子上。旁边有两张歪斜的木椅,他站在一旁,也没有让来人坐下,而是隔着桌子开门见山地问道:"你会读图吗?"

他知道"图"指的就是挂在墙上的军用等高线地图。

"会一点。"他贸然地答道,说完又有些后悔。他有过一本全国分省地图集,其中除一二页等高线地形图外,全是一般的交通图;在侦察股里,他偶尔也阅读一下油印放大的前线敌我阵地图,其中有一些是复制的等高线地图。这些日本人绘制的朝鲜全图,由于时间过早,许多图上的村落、独立家屋、树种、林地现在早已变迁,一些图上标志得明明白白的地点在实际地面上怎么也找不到。例如他们山北的金岘洞,这应该是个大村庄,可是现在,除非你有考古学家的耐心和细致,能挖掘出一鳞半爪遗迹外,这村子早已被美国飞机反复轰炸,炸得踪影全无,连图上标示的阔叶林也烧得精光。只有山还是那个山,等高线图十分准确地描绘出其高度、地形走向、坡度、山崖等,这引起了他将图与实地对照的兴趣,他做梦也不曾想到这种兴趣有一天居然应用上了。

"你很聪明，小谢，多看看就看会了。"季杰的话增添了他的勇气。

"我们要马上建立一个团的主观察所，我想由你来负责。我会给你配备必要的人员和装备。侦察排出几个人，炮兵方面我给你要个观测兵来，这样一来，我们的观察所就成立了。你要排好班，二十四小时有人不停地监视敌人前沿及纵深的活动。要做一些记录，图板我马上就给你，电话通讯连会马上安上。"

"这个你先拿去，"他把自己使用的美制大倍数望远镜递给谢以简，"我还为你要了一架日制炮兵剪形镜，可以放在露天观察口内。还有一点，友军交来的工事实际上还没有完成，你还要带着你的人好好打通它、挖深它，注意伪装。"

"我什么时候开始工作，首长？"

"马上，你现在就回去找二股长一起上山去。"

谢以简所在的团是我军一支具有长期光荣历史的步兵团，军的几个主力团之一，它原是中央红军一部与陕北红军刘志丹一部的老底子。抗日战争爆发，该部东渡黄河，成为八路军的组成部分，后由晋南经鲁豫皖平原到达苏北，成为扩编的新四军的一个建制团，在师长黄克诚的率领下，团屡次予北犯的日寇以重创，巩固了苏北与苏中抗日根据地。

抗日战争胜利后，该部奉命北上河北，经北宁路进入东北解放区，人员和装备得到极大加强，大批翻身解放的农民子弟充实了部队。在松花江团参与了三下江南、四打四平街的战斗，打彰武、克义县，强攻锦州敌坚固设防阵地，最后与四野其他部队会师沈阳，彻底解放了东北大区。

入关以后，团参与了强攻天津城，围歼国民党陈长捷的战斗，以及围压傅作义部队的战役。北京解放后，英雄的团队打着各种旗帜，徒步数千里，直抵长江岸边，一路上人民群众箪食壶浆献给这解放之师。

一九四九年夏秋，团队渡过长江参加了击溃湘鄂西宋希濂部的战斗，之后团在湘西、湘中南完成了突击衡宝战役西线之敌。然后马不停蹄翻越湘黔桂边区大山，远距离奔袭广西，与友军一起完成了围歼蒋桂西线兵团的任务。团队首先突入南宁——桂系最后的坚固堡垒，前锋直抵镇南关（现在的友谊关）。

在两年多的抗美援朝战争中，团队同样是战功显赫、令敌人望而生畏的部队。这个团是首先进入朝鲜的志愿军一部：在第一次云山战役中，是突击云山城的主要部队之一，首先突入云山城与美军骑一师第八团展开白刃格斗，完全占领了云山城，缴获战机四架，俘虏了许多敌人；第二次云山战役，在九龙江南岸击溃美二十五师一部，接受该师工兵连的投降（谢以简当时曾临时充当翻译）；以后携千钧压顶之势，突进平壤；第三战役时，是军的几支强渡临津江的尖刀之一，在涟川地区突破韩军第一师的层层设防，经三昼夜激战于一九五一年一月四日凌晨攻占汉城；这个军在经历第四及第五战役，予敌大量杀伤后，回到朝鲜中部休整。不久，美韩联军疯狂向我反扑，团奉命南下，沿临津江一线阻击敌人。

现任团长季杰，三十岁，延安抗大二期毕业，中等个儿，沉稳执着，爱干净，军服洗得泛白色。谢以简参军头一个认识的是政治处王主任。王主任喜欢这个单身投奔我军的小伙子，把他介绍给季杰，当时的副团长。谢以简虽说也爬过大山，也走过一些路，但何曾经历过解放军这样的强行军，在广西十万大山中行军时，他一开始就掉在队伍后面，脚上打满水泡。季杰见了，每每把自己的坐骑让给小谢，一让就是一整天，小谢十分感激，可是在大队旁骑过时，不免低头赧颜，惭愧万分。越过十万大山，到达漓江谷地，谢以简已经能徒步跟上大部队，不再掉下。团队最后穿过湘西南到达衡阳，即将乘火车北上中南某地整训，这时王主任将他调至团宣传股，到达整训地后，他被派下连队当兵。三个月后调回政治处，在处里谢以简接触到一些马列经典著作，心中有一种豁然开朗的感觉。他费力地啃列宁的《唯物主义与经验批判论》、恩格斯的《反杜林论》和毛泽东著作的单行本，初生的犊儿不怕虎，他偶遇机会也会大胆地向领导谈谈自己的学习心得。不久王主任支援地方转到南方工作，过问他学习的就只有新提升为团长的季杰了。季杰是个好学习的军事干部。当时部队长期处于紧张的行军战斗中，干部的整体文化水平较低，一般干部碰到休息时间，缺乏文艺娱乐条件，除了吸烟、偶尔喝点儿酒，就是几个人围成一圈打扑克。季杰既不吸烟、喝酒，也很少打扑克，他喜欢看些翻译过来的战史与战术著作，或是研究研究地图、摆摆沙盘，注视正面敌人阵地兵力、火力、工事配置的变迁。入朝以前，他已经完全符合"二十八（岁）团（级）、抗日战争时期参军"的干部婚姻规定条件，也已有了对象，对象是原来谢以简的同事，一位宣传队员。由于部队入朝作战十分紧促，而且一打就是两年。而他身为战斗团的一把手，战斗、备战担子沉重，这婚事只得一拖再拖，渺无定期。

去年五战役后，团队调至后方休整，当时军里有一个去南京军事学院学习的名额，上面很自然地把这个机会给了他。他十分珍惜这个难得的机会，从抗大出来摔打滚爬已经十年了才获得第一个学习机会。为了入校后能跟上学习，他把每天除了工作、睡眠以外的全部时间用以补习代数、几何、三角；他请谢以简担任辅导老师。小谢是个不大注意边幅的青年，虽然是著名国立中学毕业，但在社会上厮混了一二年，原本就不够扎实的那点数学底子早忘了十有七八，因此每次进入一号那墙上挂满朝鲜中部军用地图的大房间时，心里总是十五个吊桶打水，七上八下；有时临进大屋前，才想起身上穿的单制服应该头天先洗净。所幸这样的时间不长，不久，志愿军司令部命令军即刻向南开进，进入临津江前线阵地，在那里将美军的夏季攻势彻底打下去，并伺机予以反击。季杰自动放弃了这次极好的进修与未来升迁的机会，率部急开赴朝鲜中部我军防区。

"再耐心地等一等，"季杰在前线的干部会议上说，"等我们的防御工事体系基本建成了,就是我们反击敌人的时候了。现在,敌人的飞机、大炮和兵舰在我们的后方到处狂轰滥炸;在前线,它打不过我们时,就撕下了人道的假面具,不惜大量使用细菌战、毒气战,想要打倒我们,它甚至将原子炮调到南朝鲜,想要干什么?无非是要把我军从朝鲜中部蜂腰地带驱向北方,梦想再来一次仁川登陆和元山登陆,一举击溃我军。这当然是白日做梦,但是我们必须做好充分的准备,不仅是积极防御敌人,而且要打出去,打到临津江边去,大量地消灭敌人的有生力量。"

他照旧每天到观察所来,眺望着、沉思着。他看到观察所的交通壕和坑道进度很慢,不似其他领导不时提出要求和批评,而是一言不发。

一天清晨,他看见观察兵们还没吃早饭就在叮咣叮咣地敲打战壕中的花岗岩,就把谢以简找到一边,小声问道:

"你看这交通壕什么时候能挖到一米七深?"

"很难说,三号(副团长)要求我们一周内完成,恐怕很难做到。"

"我看也是,现在我给你写几个字,你一会儿到军务股去,把纸条交给他们,要他们立即照办。"

谢以简拿上小纸条,就在开早饭时把纸条交给了军务股长。股长撂下饭碗,走向坑道内,不一会儿,就交给他十几件小包装的炸药、一小包雷管和引线。

# 九

——他在桥下大声呼唤杨庆祥。

自从来到临津江前线后,谢以简给郑州家中写了封信,很快就得到回信。父亲在信中提到国内政治和经济形势大好,一切工作都为了前线胜利。不久前掀起了一股知识青年参军参干的热潮,在这股高潮中:

> 或许是受了阿哥的影响,你的妹妹和弟弟都报名参了军。文萱分派到一所军队的医护学校学习,据说学完就要奔赴朝鲜;明德年纪小,还不到十五岁,死乞白赖要人家收下他,由于他个子高,水性又好,人家把他分派到海军,现在是舰艇上的一名高射炮手。好婆听说你在前线打仗,每晚都悄悄地在观音菩萨前烧三炷香。我们对她说:您放心,我们懋恭(谢以简在家的名字)不会有事的。你姆妈早就说过:这孩子会有出息的,我们现在为你们三个儿女而自豪,愿你在前线再传捷报……

落款"父字"。其实听信的口气,这信分明是继母告诉他这么写的,她真是个要强的女人!父亲也是,只不过他是茶壶煮饺子,嘴里不说心里有数罢了。人是会变的,他们对我的感情有变化;人的天性又是不容易改变的,他们身上有很多好的东西,也有弱点,那是很难变的……我过去没发现这一点,真是门缝里看人小觑了他们。

他的两眼模糊了,只觉得肚子里也在翻腾。来信中还提到阿珊姐给他寄了一双上海拔佳的皮鞋到家中。他们说:鞋号倒也合适,只是他现在是在前线,在大山里,怎么能穿着这样邦邦硬的鞋去爬山、打仗呢?所以"暂时把皮鞋存放在家里,什么时候你凯旋到家,再把鞋交给你。……"

谢以简自主持观察所以来,就兼这山顶上的团小组长。其实这儿除他之外,只有小缪和小覃等几个团员,其余的侦察兵都是党员,他们进进出出,在所里时就临时参加党团小组的生活。大家睡在一个休息洞里,原先的洞子炸毁了,他们就把坑道向前山延伸,由于使用炸药,很快就连通到观察掩蔽部,并在这中间掏了一个休息洞。大家就在这洞子里爬进爬出,吃一齐打来的饭,喝一个水桶里的水(水存放在交通壕内一个空的大饼干箱子里),大家一齐抢大镐、喊口号,一起炸岩石、刨硬土,一起扛麻袋,装沙包来加固掩蔽部,一起锯大树,用来支撑坑道。有情况的时候,无论值班的、不值班的,一道熬过那不眠之夜。他逐渐喜欢起这儿的每一个人,他知道他们每个人的优点和缺点,能够跟大家打成一片。只是在有一点上还做不到。当兵的没事时喜欢打扑克，他所里去了值班员外，正好凑一桌扑克。没有多的人时，他只好勉强蹲下来凑数，他怕破坏大家的情绪。可是只要一有人来时，他就会马上站起来，把牌推给新上来的人，他自己宁可在一旁观战，一边想着自己的事情。当大家扑克玩腻了，时间拖得太长了，就会挤在"土炕"上，听赵会摆龙门阵，讲些他在旧军队里怎样和当官的"斗法"的故事。"尿，老子就那么听他的！"他大声说。笑得大家腰酸背弯，大叫："赵会你小子真能！"完全忘了洞外震地的炮击。

在这儿的侦察兵中，他与石柱子、杨庆祥和赵会最处得来。头一个不太爱说话，说话就一个响落到实处；第二个跟谁都合得来，脑筋也活，谢以简讲历史、说故事，他虽然对背景一无所知，却能很快记住人物的姓名，加以适当搬排，正确地抓住故事的主题。谢以简偶尔想：若是老杨多读两年书，或许会成为一个好小说家哩。第三个也是农民出身，但是当兵时间长，阅历多，好说个粗话，还会说几句现成的美国话，像"赖死狗"（Let's go!）"咳威啊"（Here we are!）之类；会出些人想不到的点子，例如修交通壕时遇到了花岗岩，大家都只知道用大镐刨，用撬棍撬，结果就像跟花岗岩挠痒痒，在金刚石上雕花，一天下来，刨进不到几厘米。是老赵在没有领来炸药前，想出用火烧岩石的办法，多少有一些进展；碰到交通壕走山脊梁处，山顶岩石太硬，他就提出稍稍移动一下，将路线改到山峰前后，果然那儿土层厚些，进度又加快了一些。

毒气死人事发生之后，再没有人提出放走小山雀的话。獾子也承认：要不是小山雀，排里那次还不知道要死多少人。柱子从此更加喜爱这只小鸟，每次到后山团部去领取东西时，总要在小路边、田野里收集一些草籽，这些野草由于无人铲割，在这兵荒马乱之际长得分外旺盛，籽粒特别饱满，小山雀很爱吃。

白天，没有出巡的任务时，侦察兵们就在各自的休息洞内打升级。洞里黑，大伙就聚在洞口玩。梁参谋也是个扑克迷，一般场次都离不开他，他也跟大家一道吆喝、说笑，输了就让人刮鼻子。

这时，柱子往往坐在自己的小洞里，凝神望着黑山雀一边跳跃，一边"灰……交，灰……交，古力古力交，交！……"叫个不停。

他耐不住了，也打起口哨来："交交交交交……嘶交交交交……"

山雀叫得更欢腾了，一面扑打着外黑里白的小翅膀。

小伙子的心大概又回到京西百花山去了，体验那抹不去的淳朴山村生活的脉搏……

谢以简没有到过京西百花山，但他去过门头沟，当兵徒步走过大江南北许多山区。不少地方人烟稀少，沟壑纵横，青峰耸立，景致美得惊人；山区男女也像柱子一样质朴可爱，因此，空闲时他很愿意和柱子聊天。而柱子也对他有种亲近感,一次在值夜班时对他说:"谢翻译,你很像我们百花山的一个老师,他有学问,又没有架子,他教我认字,有一年多光景,所以我能看个布告、标语、广告之类的东西,可惜的是北京城快要解放时,他就离开了百花山。"

"要不是现在天天在打仗,我也很愿意教你读点书。"谢以简说。

侦察排由于伤亡、患病及其他事故造成很大减员,其中以杨庆祥所在的一班最为严重,十二人的班现在仅剩班长和四名侦察兵,这样,排里不得不减少夜间巡逻的次数与规模。

这一日,团部通知,有一批山西来的新兵即日将要到达师的后方,并立即分配给前沿的两个团。任股长与四股长商量妥当,让团侦察排优先挑选几名素质好的新兵,率先领回。

侦察排是步兵团的一支特种部队,它的班长可以是排级干部,侦察兵全是久经战阵的老兵,享有班级待遇。实际上他们大部分就是步兵连的班长、副班长,经过股里入选上来的。而且,除了小覃是个团员,其余全部是党员。在战时,由任股长牵头组成临时党支部,进行政治领导,军事行动往往直接由团指挥员安排,而由二股长领导。

獾子排长决定让杨庆祥去后方新兵大队挑选新侦察兵,然后带回来。这样做主要因为一班近半年来减员多,二来是近来杨庆祥的情绪不大好,爱说笑的人脸上像抹了一层灰,生了病的样子。獾子心里急,又没有什么办法,找他谈话也谈不出什么名堂,排长同情他,就想给他这个机会,单独去后方走动走动，散散心，要是能选上几名好兵，准备大部分补给一班。好在排里现有的人都是些老兵，这么多老兵中间，捎带四五个新兵，不会削弱战斗力，再说，按照我军的老传统，干部、战士都是从战争里学会战争，是在冲锋枪、刺刀和迫击炮弹下面硬拼出来的，用不了几场血战，这几个新手就会出落为真正的侦察兵了。

新兵大队驻在后方公路交叉口上的村子里，向东的一条干线通向友团阵地后方，向南一条岔道通向本团，距离大约是大半天路程，中间要过一道山溪，溪上的公路桥已被炸毁。

"挑不出合适的兵，你就立刻回来，不要耽搁。"股长半开玩笑地说，"你一走开，班里就更没有兵了。"

杨庆祥带上四股开的介绍信连夜出发，预计天亮前能到达新兵驻地。挑选新兵得花去不少时间，要大队批准后再到各小队看看，先看花名册上介绍的情形，有合适的再约见本人，看看人，问问态度，这几样都通过了，最后要把几个人集合，抓紧时间往回带。估摸他们也要到明日晌午才能归队。

第二天接近晌午，杨庆祥和新兵还不见影子，獾子先捏了一把汗，他向股长念叨，他们一定是路上出了什么差错，要不像杨庆祥这样机灵的人不会拖到这个时候。

股长找到谢以简，他没有揣测哪些可能，只计算了他到新兵大队去再加上折返的时间。

"你去碰碰他们，要是出了什么情况，你帮助杨庆祥一道解决一下，跟他一起回来。"

"要是碰不见他呢?"

"那你就一个人回来,我们再不能少一个人。"

"你马上就走,沿着去师部的那条公路走,一路上走走问问,明白了吗?"最后,他又补上一句,"把手枪带上。"

谢以简知道杨庆祥是个靠得住的同志,这从獾子和股长的话里也可以听得出;而且,在观察所里,他俩的关系也十分融洽,工作上从来不需要他叨唠,遇到修工事的困难,他也从不念叨什么。

那么,可能是他又犯了病,他去年得的斑疹伤寒还没有好利索;也可能是在路上碰到什么烦心事,例如:新兵跑了一个,谢以简想。最糟糕的是不要遇见了空袭?有了伤亡?

他揣上手枪就离开了,想早点儿遇见他们,拣了条上公路去的小路,这是条捷径,杨庆祥知道的。他不信神也不信鬼,不相信什么绝对的偶然性,树叶掉在头上砸不死人。他只祈求上面这些事都不要发生才好。

"老杨是个老侦察兵了,应该懂得遇事总要有个交代。"

他作为干部,心里咕哝着最后一个声音是:老杨这人脑筋太活。

敌机在头顶盘旋,他一个人硬着头皮在公路边快走,几乎没有遇见往前方去的人。傍晚,他来到一条流水潺潺的山溪旁,溪上的水泥公路桥已经被炸成了两截,工兵们在溪水里用砾石铺了一条水中的便道,一辆嘎斯车正鸣鸣地使劲穿越溪流冲上这岸的坡道,坡道上满是零乱的车辙。

天很快黑下来，他终于听到山溪上游鼎沸的人声，兴奋地翻过长了草的弹坑和满是卵石的河滩，来到上游一个较为开阔的地方。走近一看，只见两岸人影攒动，到处人声喧哗，到处晃动着手电灯光，一群穿着崭新的草绿色棉军服的新兵，或蹲或立，正在等待大队到来。

这些徒手的山西来的小伙子，一个个圆滚滚的脸蛋，相当齐整的个子，背上背着新发下的军衣、军棉被、军棉鞋打成的大包，精神抖擞、很好奇的样子。以简想：迎接他们的将是敌机的轰炸、炮火的嘶鸣和枪林弹雨的冲击，会有流血和死亡，但他们必定和所有的老兵一样，将在战场炼狱的烈焰中升华为真正的战士。

山溪上，一条狭窄的人行栈道也被炸毁了，人们只能经由搭在栈石上的圆木跳板通过，而且只能成单行走来走去，眼前是只有往溪水这岸来的人，堵塞了谢以简向前去的道路，新兵向前行进的速度不快，不时聚成小堆，接兵的干部在桥下大声催促着，用手电光指示他们前进的方向。

"砰！砰！"防空哨的枪声连连响起，手电光全熄灭了，栈桥周围复归为黑暗和寂静。

谢以简在栈桥上的石块上守候着，想趁小队新兵走完之后，乘隙抢上跳板跑过去，但是始终找不到空隙。

时间一刻钟又一刻钟过去，他感觉任务越来越紧急了。他想：新兵都往这边来了，老杨走得再晚，肯定已到达小桥那边了。他急了，在新兵拥下的河滩上大声叫道：

"杨庆祥……杨庆祥……"

叫声在黑暗的溪谷中回响,人喧声突然安静了许多。他又重复地喊叫着:

"杨庆祥……"

"杨庆祥……"

十

——侦察股长报告：今日一名侦察兵失踪。

下游有汽车的灯光在闪射，传来了隆隆的马达声。不多会儿，响起了裂帛般防空哨的射击声。

"熄灯！熄灯！"哨兵大叫着。

渡口所有的亮光和喧嚣一时消失了。

"杨庆祥……杨班长……"他趁机大叫道。

沸腾的对岸似乎传来了回声，那声音仿佛应道："我在这里……"

"杨庆祥……杨班长……"他继续喊道。

回声继续着，原来是对岸人群中有人也在呼叫。一会儿，敌机远去，手电筒、烟头的亮光又不住地晃动起来。

"他不在这里，那么，他在哪里呢？会不会还留在新兵大队的宿营地？我得赶过河去，找不到他，至少找管事的人问问。"

他掏出手枪，再次来到栈桥边，挤到大青石头上，和迎面来的新兵擦肩而过。当他挤到跳板前，看准一个空当，一跳跳到两根圆木绑成的跳板上，桥板太窄，他毫不留情地把新兵们推向后去。新兵们叫嚷着退去，他跳到架桥板的青石上，等了一会儿，找到一个空当，又蹿上一块跳板。

"是谁啊，怎么阻挡大队前进，退回去！"一个干部模样的人大叫着，一面堵住了他的去路。

"我有急事要过桥那边去。"

黑影一面把他推到架跳板的青石上，一面回头对着新兵叫道："快过，成单行，跑步！"

"这不是四股的参谋吗？"他惊喜地说道。

"小谢！"那个人转身也退到青石上。

"我正要找你们，"谢以简说道，"看见侦察排的杨庆祥了吗？"

"看见了，他问过我新兵营的宿营地，然后匆匆忙忙就往北走了，至于他接没接到新兵，我就不知道了。"

"即使他挑完了新兵，又没有几个人，应该早从这里过去了，"他补充道，"可是，我一路上都没有再见到他。"

"那怎么办？"谢以简问。

"你再往前去看看吧，我还要带这些新兵回团去。"说着，找了一个空隙，跳上跳板，插入新兵队伍中间走了。

谢以简又费了不少力气，才挤过最后一块跳板，蹦到干涸的卵石滩上，沿着人群踏出的小径，上了往北去的公路。

空中不时有零星的敌机飞过头顶，防空哨不断发出警报的枪声，路上有匆匆驶过的军用卡车和几伙掉队的新兵，由干部带领着向前方走去。

东南山坳里泛起一条赤色的光带,告诉他时间已是拂晓了。

"要活着……"他的耳朵里突然回响起杨庆祥的一句话。

"子弹是不长眼睛的。"他又想起他说过的另一句话来。这本来都是当兵的难免挂在嘴上的两句话,他从来没有再往别处想,现在一联想起来,不免叫出声来:

"他溜了,妈的,他想要活着,谁不想活着!"

"他惦着他没见过面的小儿子,可是谁还没有个亲人?……"

"谁没有个亲人?"他对着无边黑暗的穹窿大声叫道,愤愤地掏出了加拿大手枪,拉开了枪栓,趁着防空哨鸣枪之际,对着夜空"嘭"地放了一枪。

天亮时他赶到了公路岔道口上的山村,赶早做活的朝鲜人正在秋田里收拾庄稼,村子里面他只见到一个军医和几个躺在炕上的新兵病号。军医告诉他:两个团接新兵的都已经把人带走了,剩下这几个烧得很厉害,我得守着他们等师野战医院的马车来接。

是个大晴天,天空一片湛蓝,鸟儿在高空中翱翔,欢叫。他这个穴居人头一次感受到和平和异样的宁静,他深深地吸了几口新鲜空气,试探着继续沿着公路往北走一段路。这儿是一片开阔的丘陵地,他站在一个长满野草的高冈上,看着地边农民昨夜晚翻出的马铃薯秧,隔不远一堆堆冒着青烟的干草堆,这是前线农民利用黑夜劳作的痕迹,再放眼远眺,蛇形的公路正蜿蜒伸向蒙上了一层晨霭的青山丛中。

"杨庆祥……回来!"

他又想起杨班长的许多好处,他们在行军和在团观察的时候许多相互支持的快乐。

他对着原野叫魂似的发出最后的喊声,声浪远扬:"杨班长,回来!"

没有回答。从公路上有几辆东北民工驾的空马车颠簸北去,在远处一队灰色的卡车像甲虫似的在丘陵地上爬行。

"我找不到杨庆祥了。……也许,我们在漆黑的公路上错过了。"他拖着疲惫的身子,丢掉了这最后的期望下了高冈,转身往回走。

直到午后,他才赶回侦察排的坑道,向股长汇报了艰难的寻人经过。

"杨庆祥不见了……他不见了……"股长困惑地喃喃道。

"这小子脚底抹油,溜了。"坐在另一个休息室的獾子吼叫着走过来。"让我带几个人分头去追,非把他抓回来不可,我要亲手枪毙他!"

"这个屄!"赵会操起他从山东人那儿学来的骂人的话。

周围一片沉寂。

"枪毙……枪毙他!"

"獾子,现在情况很严重,我们得开个支委会认真研究一下。"任股长要求谢以简写个简要的书面报告立即报告团部。

"结论怎么写?逃亡?"

"失踪。"任股长犹豫了一会儿说道。

## 十一

——二股长和"獾子"排长。

一九四三年春的一个深夜,在日伪占领的苏中兴化县一个镇里,街上不见行人。有两个人翻越土围墙进入小树林中。两人都是农民的扮相,一个瘦高个儿,约莫二十五六岁,另一个年轻些,矮墩墩,肩宽背厚,像个田鼠,匆匆地直往前蹿。二人一会儿就出了小树林,进入到一条冷僻的小街上。

街影里迎面走过一个镇民模样的大汉,恶狠狠地与矮个儿撞肩而过。矮个儿转身抢前一步,习惯性地拍了拍大汉的后臀,估摸一下这个人的行当,他还想打听一个人的消息。

大汉猛然转过身来,顺手撸了一下对方的腰部,发现有个硬东西,他一把拧住了矮个儿的手腕,用力一翻,翻到了身后。

二人都不言语,矮个儿明白遇到了对头——特务队的家伙,这帮家伙专门依仗日伪势力欺行霸市,勒索乡里。矮个儿急了,又不便使枪,忙用另一只肘部猛击对方的腹部,大汉叫了一声,矮个儿趁机翻过那只被擒的手,掏出别在腰上的手枪，但他动作慢了点儿，握枪的手又被大汉拧住，夺过手枪，顺势踹了一脚，将手枪比到矮个儿的胸前，大声说道：

"新四军，撞到老子手里来了，跟我走！"

矮个儿暗自叫苦，想要招呼后面的人，又怕目标完全暴露，坏了自家性命不说，还要耽误了要办的公事。

他走走停停，故意磨蹭时间，一边在琢磨脱身之计。眼看前面月光下一所森严的大院，院门口站着一个伪军哨兵，大门对面的照壁上画着仁丹胡子的广告，他急出了一身冷汗。

就在这时刻，黑暗中蹿上来一个黑影，悄无声地已把冰凉的手枪口顶到了大汉的背心上。

"不许叫喊，叫喊一下老子就要你的狗命！"

矮个儿很快转过身来，夺下了大汉手里的枪，二人一同把大汉逼退到个隐蔽处。

当时日本鬼子加强了对苏中解放区的封锁与破坏，由于县委内部出了奸细，完全破坏了党在该镇的组织，许多同志被害，还有一部分积极分子被拘捕，弄得整个乡镇人心惶惶。因此县委决定在此艰难时刻首先除掉这个叛徒。县组织知道他眼下就藏匿在这个镇上，但不了解其具体的住处。于是派了县武工队队长带一名队员专程处理这件急务。

高个儿缴了特务的手枪，问明了他的工作和住处，告诉他：他们早就认识他，他的老婆、孩子都在我方的监视下，如果他能认清形势，自我管束，中国人不打中国人，新四军不但不会杀他，还会保证他家属安全。

这特务听完,跪在地上不停叩头,发誓以后一定听新四军的话,再不跟他们作对。

二人问出了叛徒的所在,原来就藏在特务队里,又问明了当晚的口令,就让特务领着一道来到特务队的大院前的小巷。

院门口有哨兵持枪守卫,可以看见院内西厢房门帘透出煤气灯的强光,同时传来阵阵清脆的麻将洗牌声。那特务指了指西厢房,示意他们要找的人就在那里,又表示自己只能送"客"送到这里了。

"你说的可都是真话?"

"有半句假话你们把我宰了。"

高个儿说:"往后还会有事找你,要老老实实。"

那人只不住点头应诺,高个儿卸下枪梭子里的子弹,把手枪还给了他,那人点头哈腰,转身悄悄退走了。

二人走进院门口,哨兵大叫:

"口令!"

"太……平!"

二人应完口令,大摇大摆地进入了院内,穿过月光如水的院落,轻步从两面走向西厢房,高个儿提着枪揭开门帘一看,那叛贼正在方桌的一侧,未等座上人反应过来,高个儿一枪就结束了叛贼的性命,其他三人慌忙离桌,去取墙上的枪套,被矮个儿一一毙命,其他看牌的男女尖叫着欲夺门而出,被高个儿当门拦住,大叫:"不许动!一个也不许动!"

趁矮个儿收集室内悬挂的枪械,高个儿大声讲明自己的来历,又简单明了地宣讲了一下当前的国际国内形势。

"东洋人的日子是兔子的尾巴,长不了啦。"最后讲解了一下新四军对敌伪的政策。

说完,扔了一沓传单到牌桌上,二人快步走出后门口,扬长而去。

"这故事里讲的两个人是谁?"任股长问坑道里的人。

"就是我和獾子。"他自己回答道。

任兴明是江苏省盐阜区人,中农家庭出身,小时念过几年私塾,是个有些文化底蕴的工农干部。外表文绉绉的,说话有条不紊、待人和气,对下属很少发脾气,要是发脾气,肯定是大原则问题。他参加革命工作早,从武工队转道战斗团当侦察队长,年龄也相对大几岁,因此在下级和同级间都很有威信。獾子说,他在团里最佩服的就是两个人,一个是一号季杰,看来一号似乎总是在指挥打仗,而且在战斗时他的指挥位置从来是尽量靠前,在子弹横飞中指挥若定;二是他沙盘讲得好,战术上一套又一套,令部下不得不信服。然而一号毕竟距离较远,平时接触有限,而最接近,行军打仗、朝夕相处的就是任股长了。任股长有多粗多细,有多大能耐,优点缺点一清二楚。最令他心服口服的是老股长处事公正,有分寸,不说满话、气话、大话,这大概是他自己一辈子也学不会的。

獾子朱德彪,也是农民出身,家里有几亩湖边沙土地,一年收成不足糊口。因此，常年以做季节性零工或农闲时做点小生意为生。他身材粗短结实，年轻好斗，学会了一点拳脚功夫，两三个人打不倒他，而且他有一套摔法，能把比他高得多的人扳倒在地。在武工队时，任队长给他起了个外号"獾子"，初听人这么叫时他就瞪眼，以后知道队长和大家都没有什么恶意，也就不在意了。由于他长得胖墩墩，任股长有时叫他朱獾子，朱谐"猪"的音，他也只翻翻白眼，一笑了之。朱性格豪放、强悍，可能是在外面闯荡久了，见到各色人多。因此，并不缺乏心计，这对于一个做侦察兵的人来说，确也是个优点。

"在国内打仗，做侦察工作首要的一条，就是依靠群众。"任股长说，"不但要做好基本群众的工作，而且要做敌伪军官、士兵、职员、老板和同情我们的大户工作。抗战时候，在敌占区开澡堂的、搓澡打工的、城门口要饭的、伪军军官、县长办公室里……到处都有我们的内线。打起仗来，敌人刚一出洞，就有情报送来；而我们什么时候出动，出动多少人，敌人完全蒙在鼓里，所以我们军队打起仗来得心应手，哪有不胜的呢？

"现在在朝鲜三八线上，前后几十里见不到一个村庄、一个老百姓，除了敌人，就是我们了。同志们，自从春天团进入阵地以来，我们侦察排同时打了两场仗：一场是掏山洞，防轰炸，防炮击；一场是每天晚上经常派出队伍进行侦察和袭扰美国鬼子，阻止他们渗透到团的后方。结果一些老侦察兵被地雷炸死，有的被流弹打死，还有的被大水冲走了，连尸体都找不到，也有少数同志因伤重转回后方。一号跟我说：真正的仗还没有打呢，怎么办？

"同志们，我想好了，今天我们只能几十个人拧成一股绳，我们团结一心，共同来战胜眼前的困难，就像我们一九四三年反击日本人的围剿时一样，这就是我和朱排长讲起这段抗日历史故事的原因。"

这段时间，大水退去，晴朗的日子渐增，前后方各单位都在加紧修复坑道，改善防御体系，一号要求侦察排要加强夜间在敌后的活动，最好能抓住一个"舌头"，以便准确了解当面敌人的具体情况和活动规律，为团下一步军事行动做好充分的准备。

"今晚上我们还出去吗？"獾子问。

"外甥打灯笼。"股长道。

"由谁带队？"

"你，朱德彪同志。"

## 十二

　　——他按照侦察教程努力记住沿途的方位物。

深渊般的黑夜，空中飘着小雨，地下到处是砾石和烂泥，一不小心就会陷入积水的炸弹或炮弹坑里。谢以简两眼圆睁，湿淋淋的右手紧握着冰凉的手雷。他知道这是侦察队的小炮，威力强大，可是一不小心掉到地上就会爆炸，那就不单报销了自己，而且会暴露目标，坏了全队的大事。雨水混杂着汗水不断顺帽檐流到脸颊上和脖子里，他很兴奋，知道这就是他们的战争，不知何时就会遇到敌人，他既要和其他的侦察兵保持一定的距离，又因为是头一次出战，生怕离远了掉队。

前面传来一声低咳。这是石柱子，这些天来，他夜夜外出巡逻，得了感冒，今晚他为什么还要出来？又一想，这声音不等于告诉他：柱子就在这儿，跟着我走吧。谢以简感到胆子一壮。

今晚出来伏击的是一个加强班，由獾子带队，走在前面的是搜索组和捕俘组，随后是火力组。柱子是班长，兼任火力组组长。火力组有两挺郭留诺夫式轻机枪,每人还携带有手榴弹和手雷。谢以简就跟在火力组的后尾。

白天他去了一趟山后的团部,向参谋处递交了杨庆祥失踪的报告,然后回观察所安排了一下,下午就到了侦察排,请求二股长同意他夜间随队活动一次。

"我也要打老美,"他说,"现在排里人员减员很多,我上去也能顶一个半个用吧,要是抓住一个美国佬,我还能当当翻译。"

任股长了解小伙子的心,他是有准备而来,若是给他打回去,太伤年轻人的心了,他同意了。排长却死活不同意,而且说话很难听。

"你让人都上去,去干什么?这是打仗,我的人已足够了,多了就成为累赘,枪声一响,我还要去照看他!"

没有人应声,大个子梁参谋站在一旁一言不发,既不反对,也不赞成。

"应该让谢翻译去,"柱子在自己的洞口大声说,"他又不是什么外人,我看多一个人比少一个人强。"

看看反对不成,獾子就不停地念起经来。

"今晚不是平常的巡逻,今晚上任股长的命令:抓舌头,这可不是什么好啃的骨头……"

"獾子,我已经答应的事,你就不要再啰唆了,小谢,你就跟在队伍的后尾,有事情听排长的安排。"

"是,我会完全听排长的指挥。"谢以简说。

"嗯……"獾子鼻子哼了一声,没有人能听出他到底是什么意思,任股长不理他。

谢以简了解獾子的脾性,不跟他争辩,自己到侦察股,已经一年多,了解大部分侦察兵,有几个还是他带着团的介绍信下步兵连去招来的。他看过他们的花名册,跟每一个人谈过话,了解他们的过去和现在。大部队开进时,侦察队经常是尖兵,走在大队伍的最前面,而且是单独活动,要提前把行军路上各种情况及时报告指挥员,这些他都参加了。他和他们一道参加军部侦察分队集训,一起进行搜索、捕俘演习。有时,在夜间演习中,他带一个手电,在远处晃几下代表敌人的哨兵。他常常被这些小老虎突然扑倒在灌木丛中,或是举手就擒;有时候他也做个恶作剧,听到捕俘手的声音靠近,故意装作不知,等他们正要上前抓捕时,他会突然转身,用手电直射对方的脸部,这表示捕俘失败,他曾为此受到军侦察处长的表扬。

小队沿着马良山下的小溪右岸前进,天地黢黑,又下着小雨,他们想走这条去敌后西江市的捷径,大水过后,溪岸上满布污泥杂物、浊水,敌人很难在这一线敷设地雷,因此,相对安全一些。

一路上小石子硌得他两脚生疼,最糟糕是胶底鞋由于涨满了水,一走动就发出吱吱的响声,他每一步都如履薄冰,两眼死盯着前面柱子的背影。

他们已经来到了山溪与临津江汇合的开阔地带,四周长满低矮的野草、芦苇。它处于134与西江市西南山敌主阵地之间,是敌军的结合部。为保障双方主阵地的安全,敌我两方的侦察小队经常在这儿和西江市附近活动,双方都不愿把黑夜拱手让给对方,但是美军侦察队经常是在上半夜活动,约在午夜撤回;而我们则常在午夜出洞,至黎明前返回。今晚,为了捕捉敌夜巡的哨兵,或伏击敌侦察小队,特意在午夜前就出发了。

他极力按照侦察教程记住沿途重要的方位物,这也是经验告诉他的。雨夜像铁桶一样围住了一切,不到跟前你什么也看不见,他记起了前年发生的一件事:

一九五〇年年底突破临津江的前夕,他由团政治处派往突击连——二营五连临时工作。他随着五连连长和几个排长去临津江岸查看地形和明晚的突破口。他们翻过雪野,潜行到江边,他和连长趴在沙岸上观察对岸敌人的阵地,幽灵般闪烁的江底下,侦察兵们正在试探水深,白皑皑的南岸上有几个南朝鲜军人在走动,可能是扛着大木,修地堡,不时传来军官:"巴利!巴利!"(快,快!)的喊声。

"他们叫嚷不了多久啦。"五连长小声说,"明天天一黑,我们的炮兵就会用抵近射击把他们揍哑巴了。"又指着月光下对岸中间一处很大的阴影说:"看见了吗,那是个不小的豁口,一号要求明晚我们连就从这个豁口突上去。"

第二天傍晚,也就是大年除夕,日头刚刚落下,天气干冷,气温陡降到零下三十摄氏度,原野仍是一片明光,我军炮火准备开始，大小炮分几个层次一齐开火，像是贺岁的爆竹声震撼着整个临津江峡谷。突击部队像离弦的箭，纷纷冲出集结地。下游不远处，也传来友军突袭的炮击声。

连长兴奋地对谢以简说："我带尖刀排首先冲过去，指导员率领本队在后，你随小连部和后勤人员跟进，由你来做向导，你昨天不是跟我们一道看过地形了吗？"

"不行，不行，"他急忙推辞道，"连长，昨晚上满地白雪，我只顾跟着你们走，哪里还记得住那些弯弯曲曲的道路，你还是另派一个人做向导吧。"

"我现在到哪儿去找？"这位性情温和，对知识分子颇为爱护的连长大声叫道。沉默了一会儿，大声对连司务长说：

"你带这些人，跟随在三排后面，千万不要掉队，全连现在出发！"

晚霞照耀着这一支支无畏的分队，像下山的猛虎直扑临津江岸边，对岸上燃起了一片大火……谢以简紧跟在担架队员后面，望着有些儿面熟的雪路，心中很不是滋味……

他仍旧死死盯住前方，同时细心记下一路上近处稍稍突出的地物，似乎想弥补一年前那次战斗中的失误。

"啪！"一个小石子飞到他身前，他明白这是柱子要他紧紧跟上，队伍已接近埋伏区。

借着半空中晃动的照明弹的白光，他辨认出柱子放低身姿横端轻机枪的姿势，他的心跳得厉害，想尽量压下去，一面将几乎麻木的手指紧紧握住手雷的铁柄。

地下长着一丛丛灌木，侦察兵像鼹鼠似的从这一树丛蹿入那一树丛。柱子退后几步，拍了他肩膀一下，又向前去了，看来敌人尚未发现他们鼻子底下的中国人。

现在他们已来到敌占的134高地的山脚，白天在团观察所眺见的那么光秃秃、低矮的小山，在深夜的近处看来，竟是如此巍峨，令他心惊。按照出发前的提示：附近是敌人的雷区。因此，他们不能再往前去，雷区间有敌人下山出巡的小道，他们就成犄角之势，分组守候在这里。美国兵怕黑夜，出巡时不像我们派一个哨组就可以了，他们一出就是一个班，而且枪一响就喜欢聚堆，因此我们绝不能跟他们打对峙，而必须用突袭消灭他们的一部，同时捕捉一两个活的，或轻伤的。一旦捕俘得手，队伍将按计划有掩护地撤退，不是直接后撤，而是撤向山溪对岸的敌阵地下方，那一带是敌人疏于防患的地方，也是敌方炮火的死角，这样绕一个弧圈，再回到我们二营的阵地。

雨悄悄地停了，夜空中绽开出一块幽黑的天空，可以看到北斗星了。

"已经过三更了。"谢以简想。

守候了半个多小时，他的全身都湿透了，夜很冷，他用胸口焐了焐右手的拇指与食指，换左手握住沉重的手雷。

他等待着死亡与厮杀，"我的手雷也不是吃素的。"他为自己壮胆说。

他感觉到周围自己人的存在，虽然看不见他们。他熟悉这些爱说笑、打闹的夜猫子,他不责怪獾子排长。要是他当排长,他大概也会那样说话。关键是枪声一响,他必须表现得沉着些,像这些老兵一样;而且,他必须避免受伤,否则,那才真应了排长的话。

他心里很热,借着昏暗的天光,稍稍移向旁边一个高坎后面,万一和鬼子干上了,他就先占据了一个有利的地位。

又过了很久时间,獾子悄悄走过来拍了拍他的后背。

"起来,时间不早,该往回走了。"显然,獾子已经接受这位伏击队队员了。

全队迅速调转了队形,后卫变成了前卫,柱子紧跟尖兵后面,谢以简仍旧跟随他身后,当火力组侦察兵们经过他身旁时,他突然升起一个欲望,想要拥抱他们每个人。

他加紧脚步往回走,这时雨全停了,四周变得明亮起来,可以看出近处一些树木的残株和一个接一个的残垣断壁。

这肯定就是地图上标定的西江市了,和平时期,它一定是个喧闹的渡口,一个繁华的村镇。鳞次栉比的石板房,妇女们把走廊的木板擦得又清又亮,装满稻谷的大草包一直堆擦到房梁。拉门开处,屋里会发出一股混合着被窝和人的气味,接着传来一声妇女或老人熟悉的叫声:"门搭搭!"(关上门)……可眼下只剩下一座座狰狞的房框,被炸弹洞穿的积水的大炕。

队伍在一个破大院里稍事休息,人挨人无声地坐在地上,互相以背相靠。他又闻到了这些熟悉的大兵身上的气味,看到柱子嘴里正嚼着树叶,那是为了抑制咳嗽。他毫无疑义地感觉到这个集体的生命和力量。

"往回走,拉开点距离。"獾子站立起来,人们像检阅似的一齐站立起来,然后,默默地一个跟一个地出发了。

为了便捷和安全,獾子决定队伍由原路返回。

照明弹每隔十分钟左右腾起一次,照得开阔地上一片雪白。这时,侦察兵们就会原地蹲下,静等这颗照明弹熄灭。而就在它渐渐熄灭前的片刻,侦察兵会看清前路,迅速登上征程。时间已过午夜很久了,他们大胆地沿着山溪旁来时的道路,在潺潺的流水声的掩护下,快步向前进,沙石上发出娑娑的轻微的脚步声。

也许是敌人发现了一点动静,也许仅仅为了进行威慑,随着敌人的照明弹时明时暗,西江市西南山上敌人对着山溪两岸实行扇形扫射,曳光弹嗖嗖地从他们头顶、身旁飞过,时远时近,过了十几分钟,四周又复归于宁静,依然是潺潺不断的流水声。

"没事了。"谢以简想。

他们现在已走出了溪对岸敌人的火力封锁范围,黑暗笼罩着这躁动的溪谷,天空中映出几朵薄絮般的白云。在朦胧的星光下,队伍的速度正逐渐地减慢,或许是因为这群不眠的人感觉很疲倦,也可能是为了慢慢驱散一下身上的湿气。最后队伍完全停下了,他发现高岸上矗立着一堵黑色的墙,夜空还衬托出其旁的一棵大树树影。

"石头房子？"他陡然地自问道。

这是侦察兵们夜巡回来时挂在嘴边的地名，美国佬和我们的人都曾借这间破房子隐蔽和休息，然后由此地返回驻地，它就像个行军的中间站。由于敌人和我们出动的时间、选择的路线很不相同。因此，双方至今为止还不曾在这儿直接打过照面。裸露的大炕上、院落里常常有敌人扔下的口香糖、碎饼干，有一次还拣回一盒刚打开的菲利浦香烟和一盒针剂，谢以简看过说明，知道这是鬼子在战场上自用的吗啡止痛剂。

"到上面石头房子里歇一会儿去。"獾子的口令一个传一个，传到了谢以简。

大家直起腰板高兴地向着高坡静静地走去。

## 十三

——开阔地上的遭遇战。

原野静悄悄,偶尔听到一只秋虫单调的悲鸣声。西方板门店的探照灯像长明灯一般亮着,从厚厚的云层向下倾泻出白色的光流。但它无法照见这遥远的溪谷,在这儿,只有微弱的星光和不时升起的敌方照明弹光伴随这些深夜寻觅战斗的夜游人。

尖兵开始涉过一片浅水滩,他们知道:到了石头房子,去二营阵地就不远了。柱子扛着那挺郭留诺夫式轻机枪在星光下显得非常威武,谢以简紧紧跟在他后面,搜索组和捕俘组的人也赶了上来,大家都知道走到上面就可以休息了,都非常高兴,但老兵们仍保持着沉默,只能听到浅水潭里溅起的啪嗒啪嗒的响声。

突然,高冈上火光急闪。"嗒嗒嗒嗒……"一溜曳光弹急飞过他们的身旁,人们纷纷匍匐地下,谢以简看到有两个兵摔到地上,显然是中了弹,但他们没有叫一声。机枪和冲锋枪继续狂射,侦察兵们没有还手,而是自动地向两翼散开,趴下，动作之快，有如一个人一样。

敌人肯定已发现了我们的身影，他们依靠石屋废墟上的一挺30重机枪压住了我们的头顶，使我们人站不起来，屋前的其他火器一起开火，形成一道扇形的密集的火力网。奇异的尖叫声、步谈机大声的喊话，美军使用的军笛声与射击声、投弹声混合成一片恐怖的喧嚣，几个美国兵随声向前冲来，看来是想趁机抓获我们的伤员。

据军内文件披露，美军自进入阵地战以来，亟欲具体了解新进驻临津江沿岸的我军详细情况，但捕捉志愿军俘虏异常困难，因此曾多次派侦察小队渗入我军警戒较为松散的阵地后方，在长距离的交通壕或行军小径上伏击我运输人员。然而这些无武装的志愿军战士宁死不跟他们走，往往是在搏斗中与敌同归于尽或踩响了地雷，结果是费了半天劲却一无所获。最近敌人不断改变活动时间、方式，专门派出以基层军官组成的突袭队捕捉俘虏，美军方答允给予捕俘成功者重奖，并给予赴东京或汉城度假的奖励。

同样，对我军来说，战地捕俘工作也异常艰难，由于敌阵地防御非常严密，各种附防御物尤其是地雷众多，而且山山相连，密不透风，使我捕捉小队很难深入敌阵地内部。美国兵最怕黑夜，他们的散兵坑多是双人散兵坑，夜间出巡时也是以班为单位进行，而且枪声一响，他们就聚堆反抗，很难把他们的人员扯开。因此捕俘组只得冒极大危险，穿越多层铁丝网与雷区，到敌后行动，或者就像现在这支小队一样，在敌人的结合部进行伏击,伺机抓住一个舌头。眼下形势很明显,两支规模相当的伏击队伍狭路相逢了。

红色的子弹骤雨般向地面扫来,流弹纷纷飘向远处,敌134高地及西江市西南山上照明弹一个接一个弹起。谢以简像步兵战术教程里规定的那样,瞪着两只大眼望着敌方,一面注意战友的动作,在一闪一闪的照明弹光下,他留意到卵石堆上有两个人影在蠕动,他很兴奋:原来两个人都没有被打死。

敌人占据着明显的地形和火力突袭上的优势;他们像一只巨大的喷火兽,要把身前的中国兵吞食干净。

我们的侦察兵仿佛消失在黑暗中,只有最前面的在用手榴弹和机枪阻击敌人。敌人的火力渐渐向高抬起,闪光中几个敌兵翻过石屋的残垣,随着屋前一小撮敌人忽忽地向前搜索,有时抽风般打几梭子冲锋枪。

现在,距离苇丛和石堆后的侦察兵只有十来米远了。

"打!!"獾子一声尖叫,他的50式冲锋枪首先呼啸起来。枪声就是命令,所有的火器一齐咆哮起来,直指迎面走来的目标,手榴弹和手雷也发出了巨响。现在形势逆转,他们分散的队形与反击的突然性一时压倒了敌人,前面的敌人应声倒下,一部分叫喊着边投弹边往后退,所有的敌人又聚集到石屋内,依托石头墙垣进行顽抗,双方展开猛烈地对射与手榴弹战。谢以简匍匐在一个卵石堆后,柱子拽了拽他的腿,递给他一支冲锋枪和带有两个长梭子的枪套,谢以简立即用冲锋枪向高处的敌人连射。只见火星四溅，他心花怒放，已经打完一个梭子，只剩下一梭子弹了。他摸摸腰上的手雷，很想用它来代替冲锋枪射击。他还从来没使用过它，也许这是为火力组的成员预备的；而且它很重，他不知道自己能否把它扔到石头房子跟前。这是最后的武器，还是留着它吧。

借连续闪亮的照明弹光，他头一次比较清晰地看出了石头房子的轮廓：它实际上是凹凸不平的狼牙豁口，一挺30重机不间断地俯射下来，打得獾子他们直不起腰来。

这要变成一场对峙战了，敌人有火力、地形的优势，而且，他前沿的炮火、高射机枪和不断发射的照明弹也参战了，而我们……谢以简忧虑着。

他不安地望着蹲伏在附近的柱子和排长，排长正吩咐大家节约子弹，大概估摸敌人有可能再次发起冲击。

再回头看自己身前的石柱子忽然不见了。

双方继续时密时稀地交着火，那挺30重机仍在严重地威胁着我们的生命。一发迫击炮弹尖啸着，砸到了我们人的身后，地面为之一震，形势变得十分紧迫。

"散开些！"獾子用粗哑的嗓子叫道，他现在一定比每个侦察兵更加着急。

正在此时，石头房子的后面发出了一声巨响，立刻扬起了烈火和浓烟，接着一声更大的巨响，震得黑夜的大地直颤抖，敌人的重机枪哑巴了。

原来柱子趁敌人专心向下面俯射时在夜幕的掩护下，绕了半个圈，躲过了敌人的火力，悄然涉过小溪上游，爬到敌人的后方，在近处突然投了两颗手雷，重机枪手被炸死，其余聚在一起顽抗的敌人部分被消灭。

"上！"獾子站起来，用冲锋枪直射敌人。

侦察兵们知道：决定胜败的时候到了。他们毫不吝惜地用全部武器猛扫敌人，完全压住了残余敌人的射击，冲上了沙坡，翻过了石头墙的缺口，准备与敌人展开肉搏。

几个头戴钢盔的敌人倒下了，剩下的翻越石墙，四处溃逃。

紧急时刻，獾子没有忘记自己主要的任务。

"抓活的！抓一个轻伤的也好！"他叫着，一面检查横躺竖卧在地下的敌人，有的已没了气，有的奄奄一息，敌人不要他们，我们人也不要。

他继续低头搜索，陡然斜岔里蹿出一个高个儿身影。他猛扑上去，用枪托一下击倒了敌人，再次由上方扑下来，用手使劲扼住钢盔下的脖子。那人也急用手中的圆形手榴弹猛击獾子的肩部，却没有拉开手榴弹的勾环。

"你跑不掉！"獾子喘息着，想用双手扼住他。但是对手的劲也很大，一下子摆脱了那只扼制的手，翻身爬起来，夺路就跑。眼看敌人就要跑进黑幕，再难追上他。前面石柱子迎上前，当路一挡，用肩膀猛撞逃敌，然后一个有力的背摔，把敌人狠摔到地下。这一摔很重，敌人又是个大个子，这一下，直摔得爬不起来。獾子跑过来，一下子骑到敌人的身上，捕俘组的人争上前拧住敌人的两只手腕，用小绳绑紧了。

敌人像杀猪似的尖叫着，不知何时把钢盔甩掉了，有人于是揪着他的头发，堵他的嘴令其就范。

前敌炮火开始散漫地向石头房子附近射击，然后目标越来越集中，形势越来越紧迫。捕俘组的人把"舌头"的嘴堵上，几个人拉起他就跑，俘虏刚跟着跑了几步又不跑了，而且任你推他，打他都死不往前走。

炮弹在周围爆炸，俘虏干脆一下倒在地下不动了，堵住嘴的手巾也挣掉了，他向着夜空尖号，似乎在呼唤敌人的炮火，想要与我们同归于尽，又像是幻想我们会为躲避炮火而把他丢下。

"他要害死我们啦。"獾子唠叨着，又埋怨事先没有想到预备一副担架，那样把"舌头"绑在上面，四个人一抬就走了。

几个人把俘虏拽起来，牵着跑了一段路，可是敌炮弹在近处爆炸，他又躺在地下不走了。

敌人的高射机枪"嗒嗒嗒"地开始射向石屋附近，大概敌前沿已经与逃跑的敌军官取得了联系，企图封死我们押送俘虏的道路。

獾子掏出匕首，在俘虏的两眼前晃动着，一面捏住他的嘴巴。

"你再叫唤老子要你的命！"

可是等他手一松开，俘虏又尖叫起来。

"尿，去死去吧！"赵会骂道。

獾子命令收拾战场的搜索组快点儿打扫战场，能带的东西就带，不能带的就扔下；一面催促捕俘组带上人先走一步。

谢以简这时冲上前来，知道这个敌人已经被吓蒙了，就对着他的耳朵大声说：

"No killing, don't be afraid, keep silent!"（不杀你，不要怕，保持沉默！）

俘虏沉默了一会儿，被人拉起来走了十几步，忽然又倒下不动了。

炮弹在周围爆炸，巨大的响声震耳欲聋。

柱子烦极了，跑上前来拽着他的头发往上拉，但拉不起来，俘虏的身体很笨重。他急了，一跨腿骑到了敌人身上，敌人没命地嘶叫着。

柱子解开侦察兵备用的细绳，掏开敌人的裤裆，灵巧地在他下身的那家伙上拴了一个猪蹄扣，拽了拽绳子，然后斜挎上冲锋枪，站立起来，大吼个声："走！"拉起绳子就走，俘虏尖叫了一声，挣了挣，忽然翻身爬起，顺从地跟着小跑起来。

"快跑！"

柱子紧了紧绳子，俘虏不叫也不挣了，迅速地跑动起来，有时跑到了柱子的前面。

敌人的炮火和高射机枪仍在盲目地四射着，俘虏喘着气，一崴一崴地奔跑着，大家心里的一块铁疙瘩终于落了地，谢以简从心底里佩服这个大山的儿子。

"把距离拉开点,不要像美国兵那样聚堆!"

獾子高声喊叫着,俘虏不再尖叫了,喘着气,跟着柱子手里的绳子一紧一松、一快一慢地奔跑着。

二营主阵地的炮火开始按预先联系好的计划开始对敌人进行反击,他们的头顶上飘过一串串黄色的曳光弹流,石头房子周围有零散的火光在闪烁,像是敌人在固执地为他们的死者和重伤者响鞭送葬。

侦察兵们一个个汗水涔涔,多数是背着双枪,一件是自己的,一件是缴获的,总共有:30重机枪一挺、新式火箭筒一具、轻机枪两挺、冲锋枪五支、M-1步枪和卡滨枪各两支;另有安装在重机枪上的夜视镜一具、步兵防弹背心两件、望远镜和照相机各一具,再加上这个会说话的,这一夜的辛劳,虽有五个同志挂了花,都被丰硕的胜利果实冲销了。

"我也没有白来。"他想,扛着那具黑色的、无人愿意要的沉重的火箭筒,大步往前走,他还捡了一本军用袖珍本《圣经》,两盒美军自用的吗啡针剂。他读过《圣经》的片段,觉得那散文有些意思,至于针剂准备带回去给那几个受伤的同志使用。

## 十四

　　——中尉奥斯瓦尔德说:"让朝鲜战争见鬼去吧!"

　　清晨,俘虏被带到团观察所,接受一号和二号——政委张睿的审问。谢以简站在一旁,担任翻译。俘虏名叫约翰·奥斯瓦尔德,中尉,西点军校毕业,到前线不到一年,所在部队番号是美二师第九团,也号称"满洲团"。这个团曾参加庚子年八国联军入侵北京之役,在北京城内外滞留很长的时间,以后又参加过两次世界大战,是美帝国一支响当当的王牌联队。

　　"满洲团,嗬嗬,——不是冤家不聚头,大概他们还想来第二次八国联军进北京哩!"二号笑着说。

　　谢以简转身对押送俘虏的柱子说:"你爷爷要是知道了今天的事,还不知会多高兴哩!"

　　"是啊,谢翻译,那过后就麻烦您给我京西老家发封平安家信,告诉老人家是我和同志们亲手抓住这个'满洲团'的鬼子的,我要让爷爷和奶奶好好乐一乐,另外您告诉老人家,等打完仗，我会回百花山去，跟爷爷一起种地、砍山、打狍子。"

任股长像俘虏的影子一样，手拎着盒子枪，不住地在俘虏身前身后晃荡。每当他的枪口一抬，俘虏的脸色就变得煞白，绿眼珠滴溜滴溜直转。

当二号问奥斯瓦尔德为什么到朝鲜来打仗时，他吭哧了半天，没说出一句话来。

"我问你：为什么跑这么老远来朝鲜杀人放火？"二号大声问道。

"我是军人……是奉命令行动。"奥斯瓦尔终于回答道。

谢以简还记得：我们攻占云山城的第二天，连队送来一个波多黎各的美军军士，二号问的也是同样的问题。那一次，俘虏还大言不惭地答道：

"我们是执行联合国的决议，来解放朝鲜人民、恢复半岛的和平与社会秩序来的。"

"这大小也是个官儿，他现在不再叫嚣在半岛建立什么社会秩序，也不提那个联合国决议了，可真是时代前进了。"二号笑着对周围的人说。

一号又具体地讯问了美九团在155和134的兵力、火力配备，有无小型坑道等等，俘虏一一加以回答，有时答得近于琐碎了。谢以简刚刚翻译完，俘虏忽然撸下金表，双手交给谢以简。谢以简当即推开了他的手，告诉他我们部队的战场纪律。他的手枪、匕首和打火机被没收了，但是纯属于个人的私人物品，我们都不要，同时向他讲解了一下我们的俘虏政策。

接着奥斯瓦尔德讲了昨晚上的遭遇战：美九团在占领缓冲区——122.9高地点后，由于最近一段时间战场比较沉寂，他们很不摸底：对方为什么没有反应。他们知道我们已经换了防，很想在前沿抓一个中国人俘虏了解一下实情。他们组织了一支完全由军官组成的伏击队，一改老规矩，天黑不久就出发，想要捕捉我们前沿夜间派出的游动哨兵。他们绕道马良山脚下，在我二营山头周围走了一圈，都没有能捕捉住机会，时间已到了午夜，准备在小溪边的石屋子里休息一下，一面避避雨，过后就回134去。不料就在那里和我们的人硬碰上了。后来重机枪一被打掉，又炸死了几个人，大家就没了指挥，开始四散逃跑。他自己由于腿瘸了，动作慢，就被我们人抓住了。

一号命令柱子找个地方试试美国防弹衣的防弹效果。柱子拿起又大又重由多层尼龙小片夹制成的防弹马甲，走进观察所坑道内，在十几米远处对它来了个冲锋枪点射：

"嗒，嗒，嗒嗒……"

拿到坑道外一看，前后满是蜂窝般的窟窿。

"这就是敌人的救命衣！"一号哈哈笑道，"我估计它最多只能抵挡流弹，或是远进的手榴弹碎片。以后我们的尖兵要大胆从正面射击敌人的胸口或背心，要跟敌人靠近些，让他的救命衣见鬼去。"

俘虏听到冲锋枪响声，脸色骤变以为要发生什么事情，待看到洞穿的防弹背衣和周围的人们哈哈大笑，精神才又放松了些。

这时，军部来电话通知一号：要团里立即派人将俘虏的美军军官押送至师敌工科，并即时转送军部。

二股长决定派谢以简和赵会负责押送任务。

"你们一路上恐怕要打瞌睡了，但是没办法，小谢，你负责押送，路上有情况好处理些，另外，赵会也是个很机警的兵。"

一号又吩咐道："你们白天上路，一定要小心。我们的经验是：敌人要是发现路上有他们的人，他们会不惜代价来抢夺的，千万不要让好不容易到手的宝货又丢掉了。"

"首长放心，我们会把俘虏安全送到地方。"谢以简和赵会一齐说道。

三人随即翻出交通壕，上了一条林中小道，从这儿上公路要快捷些，也隐蔽些。后山仍是一片炮轰狼藉的丛林，满目死树纵横，弹坑一个接一个。经过山下一个泉眼旁时，看见两个白铁饼干箱子，一个长满了长长的豆芽；一个侧翻在泉水旁，豆芽溅得四处都是。谢以简低头一看，空箱附近的山坡上有一堆血迹，肯定是一位发豆芽菜的炊事员的鲜血了。他眼前一阵眩晕，只觉这淙淙不断涌流的泉水，四溅的黄豆芽和那铁皮箱子都变成了一片鲜红的血的旋涡……

"轰！……轰！"前山腰上闪出了两下白光，他推了推俘房，赶紧上山。

"轰隆！"一发炮弹不左不右击中了泉眼，豆芽和水花、碎石飞溅，同时腾起了一股黑烟。

他们赶紧沿崎岖的小路攒行。头上有一架敌炮兵校正机正在低空盘旋，发出金属的轰鸣声。防空哨兵向它打了几梭机枪，它立即尖叫着拔高了，但仍在高空中飞旋着。

赵会给每个人做了一个伪装圈戴在头上，俘虏由于没有戴帽子（他的钢盔不知什么时候被他扔掉了）草圈不时滑下来，遮住了他的眉眼，他像是要扯散它的样子，看看身旁的赵会正瞪着他，又赶紧把手拿开了。

来到公路前的一个山沟口上，前面是一片开阔地，公路横穿而过。炮兵校正机现在飞得更低了，飞机歪着翅膀时可以看见戴飞行帽的驾驶员正在左顾右盼，大约是发现了什么目标。过了十分钟，飞来四架F-80喷气式战斗机，沿着公路来回疾飞。他们的袭击方式永远是一样的：领航的一架俯冲、扫射，然后腾起，升空，向回飞旋；第二架、第三架、第四驾动作完全雷同，向着同一目标俯冲、扫射，然后拔起、回旋；然后是第二轮攻击开始……

敌机来势凶猛，看来是不久前大山里有一架敌机被我击落，敌人正急于搜救其驾驶员。

几架喷气机乱打了一阵飞远了，绿头苍蝇似的校正机仍在半空中盘旋不去，有时像定格在头顶上。

看到敌机还在头顶上转，正好沟口上有个前人铺设的简

易掩蔽部,谢以简就说:

"走了半天了,我们就在这洞子里休息一会儿,等飞机走了再出发。"

这掩蔽部是利用天然的沟隙,在上面铺了两块门板,覆盖了一些沙土和野草修成,洞子里只能容纳两个人。

以简让俘虏坐在靠里的堵头上,自己持手枪坐在洞口;赵会见无处可坐,只能坐在稍远的沟坡上,抱着冲锋枪,枪口正对着洞口。

中午的秋阳温暖地普照着大地,谢以简静静地坐了一会儿,只觉得瞌睡虫已爬到眉间,眼皮似有千斤重,上下不住打架,他真想就此闭上眼,美美地睡一觉再说。又一想,自己身上的重担,不能都让赵会去负,何况赵会和他一样,也是一天一夜未曾合眼,而且这一夜过得好紧张!他挣扎着站在洞口上,原地走动了一会儿,用枪布擦了他喜爱的这支加拿大手枪,觉得比之前精神了一些,就又坐回洞里,想与俘虏攀谈消磨时光。

奥斯瓦尔德看到身旁这个懂得一些自己语言的中国人,似乎神情略为缓和过来,他由于一整夜的折腾,弄得身心疲惫,一条腿扭伤,走起路来一瘸一瘸。现在,他脑子肯定在盘算:他们要把他送到哪儿去?到那里他们会怎样对待他?

"你怎么会想起当职业军人的?"

"道理很简单,我家庭不富裕,当军官的待遇不错,有许多这样那样的补贴,还有海外津贴,足以用来养家糊口,等过些年退役了,还可以拿到一笔钱。"

"你结婚没有?"

"结了两年了,我妻子是医院的护士小姐,知道吗?"

"你有孩子吗?"

"有个小姑娘,很聪明的,名叫伊丽莎白。"

"现在的英国女王好像也叫这个名字。"

奥斯瓦尔德笑了,谢以简这时发现:这个金发蓬松的年轻人,典型的盎格鲁·撒克逊人的模样,微笑中还有一丝羞涩,不似有的俘虏军官那么僵硬,虽然举起了双手,对我们的一举一动,一言一语都持有强烈的警惕心。

"想家吗?"谢以简无意间问起这个当兵的闲聊时常提起的问题。

"嗨,想得厉害。"

"哦……Duty, Honor and Country……"谢以简笑道,他是以前在国立中学学习时听校长讲到的美国西点军校的校训:责任、荣誉、国家。

对方敏感地微笑着,一面轻轻按摩那条弯曲的瘸腿。

"要是没有战争……"谢以简忽然想。

炮兵校正机飞走了,四周一片宁静。由于洞子四面透风,待久了洞子里显得很凉,他的睡意已大半消失了。于是,走出洞口,准备招呼俘虏上路。

"嗵嗵嗵嗵……"突然,一梭子机关炮响,两架喷气战斗机呼啸着沿公路低空飞驰而过。紧接着,四架灰蜻蜓似的直升机排开队形沿着公路盘旋而来。

俘虏神情紧张地直起腰来,探望着洞外的天空。

有一架直升机定位于他们头顶上方,长长的螺旋桨叶不住地转动着,可以看到它们划出的圆形光影。

谢以简一面钻进洞里,一面招手赵会赶快进来,现在小洞里挤进了三个人,形成了三层,最下面的是俘虏,上面是谢以简,再上面是赵会,赵会紧握着他的冲锋枪,准备随时对付内外的敌人。

两架喷气机怪叫着,机关炮扫射着目标,接着开始向公路上投弹,有一颗炸弹呼啸着落到了掩蔽部附近,气浪和铁石飞进了洞门内。现在,三个人陷入了共同的死亡威胁下,每个人都希望炸弹不要掉到这个薄皮的洞顶上。谢以简和赵会还要防止俘虏有什么异常的动作,好在他手里没有武器,没有对空联络用的烟幕弹、反射镜,没有手电,甚至没有打火机。谢以简想他要是往外冲,我就打死他,至少要打断他的瘸腿,我们决不能眼看这个活宝在敌机威胁下跑掉了,那我们怎么回去向上面交代?

想到这,他握着手枪的手在微微颤抖,好在奥斯瓦尔德驯服地趴在他们身下,每当敌机尖叫着俯冲下来时,他就使劲地压低了头;等飞机升起后才又抬起头来。这时,正好置于谢以简的一支肘腕夹持中。

公路边响起了我军高射炮清脆的反击声,晴空中亮起了一个个耀眼的白点,敌机扔下最后的炸弹,仓皇飞远了。

敌机远去，他们沿着秋阳照射的公路一侧前进，三个人走了一程，已是大汗淋漓。

经过一个村庄，二人准备向朝鲜老乡要点水喝。走近一看，村子已被炸得不堪入目，全村竟无一栋完屋，屋子内长满杂草，不见一个人影。

无可奈何正要离去之际，赵会指着山坡上几个穿白衣的人说："看，那里有人。"

他们来到半山腰上，只见林荫中，依斜坡建起的一排半边屋或掩蔽部，都用圆木斜搭在土坡上，构成外墙，一侧檐下有门或仅靠一块旧布充作门帘。

谢以简在屋前的场院上找到一个戴纱帽的老阿爸及（老爹）。

"阿爸及，苏儿依斯米嘎（朝语：有水吗)？"

"依索（朝语：有），依索。"

老人转身回到半坡屋中，很快取来一大葫芦瓢清水，

"磨姑唆（朝语：喝吧），哦……"

二人喝完，又给俘虏要了一瓢。

正当黄头发的俘虏喝水时，一下子围上一群好奇的老人、妇女和孩子，指画着俘虏在说些什么。

奥斯瓦尔德喝完水把水瓢递给谢以简，抬起头，只见有两个妇女手举菜刀冲向前来，一面叫骂着什么。

谢以简和赵会措手不及，已来不及劝说这些大嫂，只得从两个方面以身体遮掩着俘虏，俘虏吓得浑身直打哆嗦，既

不敢向前，又不敢退后，只能紧贴在二人的身后。

一个年轻的妇女哭叫着冲出了人群，再次举起刀来。

"阿兹妈妮（朝语：大嫂）——"谢以简向前走一步，拦住她，同时伸手拉住那个老汉，请他帮忙。

老汉对二人说明了原委：原来这两个妇女都是昨天早上才从铁原平原地区逃出来的难民，他们是整村行动，投奔北方的。他们全是些老百姓，扶老携幼，顶着大包袱，或是牵着黄牛，一群人在白天沿公路行走，所有的人都是一身白衣，估算着朗朗乾坤，一大群老弱妇孺大白天在空荡荡的大路上行走，美国飞机看得分明不会袭击他们的。

谁知就在这前面的公路上，一架美国战斗机在她们头顶盘旋，人们继续缓缓前行。突然飞机尖叫着，连俯冲带扫射，人们本能地闻声扑倒地下。这时敌机第二次沿公路俯冲扫射，当时就打死了一个中年男子和一个抱在手中的男孩。孩子腰上中了机关炮，抱到半山坡上，不久也死了。大队人哭哭啼啼，等到天黑才继续向北赶路去了。这两个妇女留了下来，她们将亲人的尸体放在前边一个山洞里，准备尽快择个日子安葬。

"这是个投降，投降的美国人"，谢以简反复向阿爸及解说，实际是在对人群说，"我们要从他嘴里了解许多敌人的情况……"

前来的人越来越多，围得像铁桶一般。

老阿爸及一面劝说两个铁原来的妇女，一面用身体挤开一个缺口，叫道：

"巴利，巴利（朝语：快走，快走）！"

谢以简趁机推俘虏先走，赵会殿后，三人跟跟跄跄冲出了人群，可是俘虏的腿好像麻木了，不肯快走。

"尿，这家伙又要找死啦！"赵会说，他又记起了昨晚上从阵地上带走俘虏的艰难经历，一面架起俘虏一只胳膊，连拉带扯地带下了山半坡，一直到达空旷的大路上，还不免久久地心跳不止。

他们又是威吓又是鼓励地推着奥斯瓦尔德向前赶路，空中很平静，他们走了一个时辰，顺利地找到了山沟内的师部敌工科，二人迅速做了交接，领了回条，又告诉对方军部要求在师里不要逗留，赶紧派人送往军司令部去。科里干部说：已经接到军部电话。又询问三人吃过午饭没有。

"到哪儿吃啊？"谢以简说，"能不能给一点什么东西填填肚子？"

师部午饭早已开过，他们只好给三人拿了一些邦邦硬的压缩饼干和开水。

谢以简和赵会一点点咬着压缩饼干，吃得很香。奥斯瓦尔德却不大张口，而是不住地用眼角瞟着二人。

谢以简猜想俘虏大概已判断出情况：他们二人已交了差，现在要回队去了，他感到恐惧。

"俘虏的腿脚有毛病，军部又急着要人，能不能弄个车子把他送一送。"谢以简问。

"不用了，这儿到军部走小路不远，等天一黑我们就动身。"干事说。

天黑下来，谢以简与赵会正准备往回走，只见那个干事和一个卫兵牵了一匹马来。

"现在就走。"干事说。

谢以简扶奥斯瓦尔德上了马鞍，俘虏向谢以简与赵会挥手致意。

"赖死狗！"赵会挥手答道。

这时候，昏暗荒漠的公路、原野上忽如天兵骤降，到处挤满了成建制、全副武装的中国部队：有步兵、炮兵、辎重兵和头戴狗皮帽赶着大车支前的东北老乡……纷纷在公路上集合，大声打着招呼，像赴盛宴般涌向炮声隆隆的前方。这是支援临津江前线和五圣山（上甘岭）战役的预备队，这场景让这个美国军官看呆了。

谢以简给奥斯瓦尔德撅了一根树条，给他当作马鞭。

奥斯瓦尔德接过树条，忽然狠狠地抽打自己那条有毛病的腿，像是进行自虐，又像是为了止住腿部的伤痛。

"Hell to the Korean war（让朝鲜战争见鬼去吧）！"他大声诅咒道。

"走吧。"干事再次说道。卫兵拍了一下马屁股，蒙古马驯服地蹄踏着向沟外小路走去。

## 十五

——争夺中央高地155。

根据奥斯瓦尔德的口供和二营前沿部队的不断侦察，证实二营对面新近被敌人占领的122.9高地上只有约一个加强排的兵力，并且未挖掘地下防御工事，大部分是用钢板加沙袋、堆土筑成的野战掩体。这个高地本是个缓冲地带，夹在敌我两座高山之间，而且地势较平坦，是个易攻难守之地。

九月上旬一个深夜，二营一个加强连在团属炮兵的有力支持下，仅用了三十分钟就完全攻占了该高地，残敌向155敌主阵地逃去。这个谢以简和他的战友们日夜监视的山头终于回到了我军手中，使它与我二营突出部形成了一个整体，非常有利于我军的前进。敌占的那些山峰，由于一年来敌我反复的厮杀，我军经常的炮击，表面上也和我们的前沿山头一样，都是光秃秃，创痕累累，地表上已一无所有，看久了令人难免心为之一坠，155、134，实际上，这些山峰现在早已达不到其原有的标高了，至少已被炮火削去了二至三米。

一号近来时常上山到观察所来，长时间弓着腰，两眼贴着剪形镜的接目镜头,一看就是一二十分钟,他时而掏出一张棉纸将镜片擦一下,然后又默默地观看下去。从方向上判断,他望的是新占领的122.9,和其前敌方的主阵地——155与再往前的134,这三座山的凹部和山脚下,隐隐约约还留有一些残丛、绿树,随着时序的变迁,其中的一些已变为红色和金黄色,与其黄秃秃的峰顶形成一种光怪陆离的对照。

"现在该是清算前面这个满洲团的时候了。"一号抬头对掩蔽部内坐在吊凳上的谢以简说。

伴随着敌人1951"秋季攻势"被粉碎和我军在朝鲜中部山区站稳了脚跟,前线我军的武器、装备、人员、供给已得到了很大的改善,加上强大的坑道工事的依托,使我军战略地位得到了空前的巩固。虽然敌人基本上掌握着制空权,但我们年轻的空军已不时在后方给予敌人一定的打击,加上大大加强的地面防空火力,已有力地打击了美国人的"空中绞杀战",平壤、元山、三登、沙里院等重要枢纽已形成了初步的立体防御体系,一到天黑,火车像群龙一样驰向各前线后方;三登的索道运输昼夜不停;北朝鲜的原野上到处闪烁着数不清的卡车的前灯。

现在,前线敌我陆军炮兵的数量差距正在不断缩小,由于我军是集中使用战力的战术,不鸣则已,一鸣惊人,使一个战斗区域和时段内我们的炮火往往占有压倒的或相对的优势,使强敌一时穷于应付,难怪一号说:清算的时候到了。志愿军司令部已向前线各部队发出了全线进行战术反击的命令：各部队可根据前敌具体情况，选定攻击方向、目标，展开逐山头的攻击战或辅以有力的积极防御，大量杀伤敌有生力量。

"该轮到155了。"谢以简毫不费力地推理道。

155处于我军新近攻占的122.9与敌占的134之间，是金岘洞南山这条支脉的三座山中最高的一座，就像"山"字中间的一笔。它山形宽广，主峰耸立，很像一顶古代武士的圆盔。高高的山峰是它的尖顶，宽阔的山脚是他的盔檐，腰部是鼓起的起伏的平台，大部分战壕、防御工事及其附防御物都设在这一圈上，唯有靠临津江一侧像是为河谷所挤压，瘦了一大块，那儿是悬崖陡壁，对防御和进攻双方来说都是个死角。

自从122.9陷落后，155成了美军临津江北岸的一个主要支撑点，极力增强了防御力量。它后有134为后援，更依托江对岸高地与西江市西南山的坦克、炮火的支持，并引导敌机整日对我前沿及后方运输线进行定点轰炸，对我军前沿构成了严重威胁。迅速消除这一威胁，并将攻势的矛头楔入敌人的防御链中，自然成了团的首要战斗任务。

团营两级都在日夜做着总攻的准备，主攻任务决定交给了钢铁七连——一支曾在云山战役和汉城北釜谷里战斗中立下大功的连队。这样，七连每晚都将人员、原木和大量武器弹药偷运至122.9高地上。白天，特等射手不时用冷枪消灭敢于外出的敌兵。重炮兵也已设定目标、方位。为了直接射击敌防御力量，7.62野炮和山炮进入了金岘洞南山的坑道中，修筑了射击平台,准备随时拉出来进行直射。火箭炮部队已修好了伸向前沿后方的道路和齐射阵地,并且巧妙地加以伪装,一场预料中的恶战就要开始。

天黑以后,谢以简刚刚入睡,值班员缪金才跑进坑道里,大声将他唤醒。

"起来,起来,有好看的了!"

谢以简和正在被窝里的人纷纷披衣而起,来到各个观察哨位。周围一片昏暗,天顶上有明璨璨的群星,他从熟悉的方位上感知到敌人那两座山的存在。近处交通壕内不断有人群向前方跑动的声音。

"嗵!嗵!嗵!嗵!"右侧7.62野炮阵地上发出阵阵的闪光,顷刻间,山后的重炮群开始怒吼了,到处是飞驰而过的重炮弹发出的呼啸声,大地在猛烈地晃动。

炮弹密集地落在155山头上,似乎要把它在几分钟内捣作一摊烂泥。对岸敌山头和西江市西南也陷入一片烟火中,敌人的炮群一时成了哑巴,过了很久才清醒过来,慌乱地时断时续地进行反扑。

二营主阵地飞起了一连串绿色信号弹,远程炮火停止了对155和134的射击,开始向敌纵深延伸,155山前冲锋枪、机枪、手榴弹,爆炸声响成一片,熟悉的,系人心弦的我军军号声在夜空中飘荡,一阵比一阵紧迫。

过了十几分钟,已向前延伸的重炮兵突然又调转炮口,向着155山头发出了第二次急袭。

头顶上又刮起强劲而沉稳的呼啸声,卡秋莎炮弹拖着长长的火尾,流星雨般向着155山头飞去,山头上重又变成一片火海。

这是指挥员为了诱使鬼子大量出洞后加以毁灭性打击的策略。

一个接一个齐射,烈焰照亮了金岘洞南山上的夜空,突然间,右侧昏暗的马良山顶腾起了一连串重机枪的曳光弹,弹的光流在半空中美丽地摇曳着、飘移着,最后消失了,这是步兵突击队开始冲击的信号。

军号再度急鸣,团营曲射炮开始猛烈射向敌山后阵地,122.9高地上的50高射机枪也向敌方吐出火舌。155山头上曳光弹飞溅,冲锋枪、机枪、火箭弹、爆破筒猛烈震响着,可以判断七连突击小队已冲入敌阵。

现在,密集的枪声和手榴弹爆炸声已转向155山后,这表示敌人的防御已被打破,我军已消灭了正面敌人的明堡、暗堡和其他战斗掩体,想到这些,谢以简不禁热血沸腾。

"打得好,打掉敌人最后的防御!"他从深心里发出呼喊,这呼喊淹没在四周同样的欢呼声中。

155山头上火光狼藉,渐渐飘起一条白色的烟雾带,环绕着山顶。他现在已不能用望远镜或剪形镜看清山顶的景象,但凭着枪声和经验清楚地知道:我军的攻势已进入最后的阶段。

我步兵向主峰攻击前进

（选自《抗美援朝纪念册》）

夜空中，一架敌人的B-26战斗轰炸机闪烁着翅膀和尾翼上的红绿灯，在山顶盘旋了一圈，悄悄地飞走了。

又响起了激动心魂的军号声，他耳朵里似乎还听见了我军连、排联系用的小喇叭声。小喇叭是原东野步兵分队普遍在战场上使用的联络工具，它那"呜——呜——"清脆而明亮的响声，总是使战斗中的人们热血沸腾，现在这声音告诉他，我们突击部队已遍布155山上。

枪声逐渐稀疏，偶尔有曳光弹飘向山外，双方的炮击完全停止了。

他兴奋地挤进露天观察口里，听到站在那儿的一号说："胜利了，我们胜利了！"

一号严峻的脸上显示了松弛，回头对身后的作战参谋下令道："告诉炮指，请求重炮兵暂缓撤出战斗，继续向敌炮兵阵地进行间歇性压制射击，以保障我突击部队的安全；命令七连：立即将重伤员转至122.9，待明日黄昏后再撤下山来，同时，全连要不顾作战疲劳，连夜加修坑道及面向134的野战工事，准备迎击敌人白天的反击。

"155已经是我们的了，决不能再把它让给敌人，你们要准备在山头上打一场漂亮的歼灭战！"

果然，第二天拂晓，敌人集中四面八方的重炮向155我军阵地猛烈轰击了一个多小时，发射炮弹达一万余发，山上山下扬起的硝烟和尘土遮蔽了整个山谷。又过了十几分钟，前沿报告：听到山下有隆隆的马达声。

谢以简急用剪形镜向前沿观察，由于烟雾太大，加上155和134阻挡了向临津江边的视线，他无法判断敌坦克的数量和位置。

突然，在渐次消退的烟雾中，在155山西南角上透出了坦克长长的炮管，炮口闪动着白光。

山头上重新为烈火与硝烟笼罩，枪声一阵紧似一阵，显然，敌人的步兵正在坦克的掩护下从侧翼发起了进攻。

谢以简正欲与炮指联系：报告敌坦克的数量和方位，只见右侧半山坡上，从壕沟内伸出一排长长的炮管。

"砰！砰！……砰！砰！……"

7.62野炮开始齐射，炮弹在敌坦克群中开花。

"六号位置，敌江南高地上的坦克炮垒，请用榴炮加以压制！"一号在电话中对师炮指大声说道。

很快地，临津江对岸高地山腰上冒起了一股股白烟，这是加榴炮指示目标的烟幕弹。又过了片刻，炮弹纷纷在对岸敌坦克平台周围爆炸，一辆坦克被击中，冒起了浓烟。

团营的迫击炮也加入了炮兵的齐奏，炮弹从空中直落155山前敌步兵群中。山下敌坦克仍旧面对半山腰上轰击了一会儿，渐渐炮声稀落，马达骤响，坦克施放烟幕，在灰色的烟雾中不见了。

枪炮声渐次消失，敌人的第一次反击失败了。

## 十六

——她画的布鲁克林的民宅很像汉口兰陵路上的红砖小楼。

深夜,前沿的山头异常寂静,整个世界淹没在深海底一样的黑暗中。谢以简一动不动地靠在掩蔽部的吊凳上,隐约见到的只有观察孔周围的伪装树枝。坑道深处传来沉稳、起伏的深呼吸声,他能够辨认出最响的是赵会的呼噜声。

"这呼噜声和他的性子一样。"

他稍稍提起了一些精神,其实,他坐在这黑暗中,无所事事,早已受到坑道里人的感染,眼皮越来越沉重,不断地抖动着。

"大概过交班时刻了,但是……让他再做一会儿好梦吧。"

他不忍心立刻叫醒沉睡的赵会,赵会白天还跑了一趟团后勤,很晚才躺下。再说,他们连个表都没有。白天要是晴天,就靠小缪制作的简单日晷;夜晚就看月亮或是北斗星升起的位置。要是阴雨天,那白天黑夜都没有办法,只能凭感觉、凭良心了。他很羡慕当年的新四军,据说新四军换哨是看燃着的香,燃到一定长度,就去叫班。现在,他们连香火也没有。好在这儿的人对时间是很宽容的,他今晚照顾老赵,到明晚老赵或别人也会照顾他。

为了打消一点睡意,他起身走出掩蔽部,来到露天观察口上。阵阵晚风袭来,他觉得很好受。月亮渐渐升到天顶,四周的黑暗像是一下子被稀释了,变成了一片淡淡的乳白色,俯瞰西南的那几个山头:122.9、155和敌占的134仅有一线迷蒙的轮廓。举头望,一轮皓月当空,它的旁边有几缕薄薄的白云,当那浑圆的银盘整个浮出白云外时,显得异样的耀眼、皎洁,似乎要把和平与宁静带给世上所有的人。

月华下他看见了临津江南岸远远的天德山的阴影,它像一堵黑色的墙,横亘在地平线上,去年的秋天,友军曾在那儿与美军鏖战数月;再向右看,披着月色的马良山正把马头抬起,似欲起立,奔饮临津江的江水。

明月与浮云继续无声地漂移着,时明时暗,广袤的临津江河谷中弥漫起一片薄薄的梦一般的青霭……

清晨,江南的秋野斑驳绮丽,红色的、黄色的、绿色的和种种叫不出名的花叶、蒿草,从铁皮车车门外飞驰而过,旋转着,不见了,很快又出现了,他多想仔细观赏一下车门外的大千世界。

"咸宁站到了!"有人叫了一声。

火车离武汉——家不远了,谢以简想。

由于朝鲜战争爆发，部队接到命令，紧急调往东北，加强边防，以防不测。军列日夜向北行驶，一般大站也不停车。咸宁——这个长沙至武汉间的大站，军列一秒钟未停就过去了。

这趟军列，除了最后一节客车外，其余全是铁皮闷罐车，只有靠顶棚处有个很小的铁栅窗，司政处为了透气，就把铁门留了很大一个缝。谢以简扶着大铁门，兴奋地望着那些熟悉的站台、站房和一路的景物，他是在这一带度过童年，以后又在武汉走上青春期，他太熟悉京广线这一段了。

列车过武昌，将车头留下，其余车厢乘火车轮渡过江。巨大的渡船平稳地破浪前进，黄澄澄的长江后浪推着前浪，激起转瞬即逝的浪花，靠近船帮嘎嘎飞鸣的江鸥，飘然顺流而下的木船，远处江天融合的地方……在在使他一时感慨万千，肚子里仿佛有什么硬物翻腾不已。前面就是汉口了，走不远就是家——家，那忘不掉、割舍不下、爱与恨、追思与忏悔永恒交织的巢……

列车驶入一个整齐、明亮的车站，一下子停下了。站台内临时戒严，没有迎送的群众和团体，也没有张贴标语口号，只有零星的军警与穿着和他爹爹一样蓝色制服的铁路职工在站台进进出出。

"肯定其中有人认得爹爹哩。"他知道这是汉口大智门车站。小时候，他穿着扶轮小学的制服，经常穿过站长室的后门，进入站台，或是爬上烟尘遍布的行人天桥，隔着铁栏杆，看着一趟趟冒着白烟的列车在桥下隆隆驶过,桥身随之猛烈地震动,最后,待出站口的人渐渐稀少时,就从女检票员的腋窝下一溜烟钻出车站,跑回家去,这时好婆盛好一碗热酒酿已经在等着他了。

此刻,由于站台上不见有卖吃的的,宣教股长说:这是个大站,大概要停很长时间,现在是该吃午饭的时间了。他是南方人,给了他一些零钱,让他出站外去买点馍馍之类的东西给大家充饥。

"只怕过了这个村,就没有这个店了。"股长说。

他带上钱和挎包,熟谙地由进站口进入候车大厅,到售货部一看只售香烟、水果和白面包之类的点心,就大步出了车站大门。

站前广场上行人如织,他向前走不远就认出以前歌女卖唱的那个歌厅,眼下已改换成了茶楼,现在正是歇业时候,只有一个穿灰布大褂的中年人站在大门口。

"没人再唱那些软性的电影歌曲,茶客们可能会听到嗲味的苏州评弹,或是把那竹梆敲得嘭嘭响的四川评书。"他想。

他又向前走了十几步,就望到了那熟悉得眼热的十字路口,一个穿着黑衣的警察依然随意地靠路边站着,旁边多了一个穿着墨绿色解放军制服的纠察队员,几个穿着市立男中黑制服的中学生蹦蹦跳跳向东走了过去。从这个路口向西拐再走不远就是灰色的四层楼上的家了,楼底下满处油乎乎的油坊不知现在还开着吗?家旁边的京剧园子还是一到下午就锣鼓喧天吗？每逢星期天早场，他就是那儿不买票的常客，收票的都认识谢家的人。已是午后时刻，园子里一定又是热闹非凡，打热手巾的、卖糖葫芦和姜糖的，卖孝感麻糖和香烟的，还在狭窄的甬道里大声喊叫？

爹爹和继母都好吗？他们现在可能正上班，那么，弟弟、妹妹也该上学去了。好婆还是一听到巷子里那个卖米酒的下江人吆喝，就赶紧从厨房窗口把个篮子吊下去，吊上来后烧开了，打上两个鸡蛋每人冲上一小碗？

他多想有个分身法去四层楼，爬上咯吱咯吱响的木楼梯，然后轻轻地敲开木梯堵头的房门，说一声：我回来啦，我来看看久违的家里人！但他立即收回了这个想法。

"暂时忘了这些，忘了它！快去买吃食要紧，大家还都饿着肚皮哩！"

他走进一家小饭馆，里面只卖米饭炒菜，没有馒头、面食。退了出来，又走进一家北方人的面馆，可是只有面条和米粉，这可怎么办？他往回走了一段路，就见站前广场附近一个巷子口上，有人正推着小车卖山东煎饼，他立即赶上前去，并不问价就称了五斤，又买了一斤白糖，都用报纸包好，付了钱转身连跑带颠回到车站内。

军列依然停在原来的道轨上，月台上有挂着红袖箍的士兵在巡逻。他喘着气爬进闷罐车，把一大包煎饼和糖交给股长，说：没看见卖馍馍的。股长夸奖他东西买得好，同志们已经有一两年没尝过北方煎饼的味道了。

前面的火车"呜"地拉了一长声,军列缓缓地启动,股长一面咬着冒热气的煎饼,一面来到坐在靠近车门的谢以简身前,说:

"你是武汉人吧?"

"差不多,我家就在汉口。"

"家离火车站远吗?"

"不远,出火车站往右拐,走几步路就到了。"

"哦……想家了吧?"

"有一点……"

"刚才我放你出了车站,突然想起来:你是本地人,你要是跑掉了,我到哪儿去找你啊!一想到这就有些后怕。"股长说。

谢以简笑了起来。"股长,你多心了,我是自己找上门的,我不会跑,我现在已经是革命军人了。"

"对,对……我扯到哪儿去了。"股长微笑着拍了拍他的肩膀,慰抚道。

他又想到不久前接到家信和那本卡扎凯维奇的中篇小说《星》。

懋恭吾儿:……报载美方又在释放战俘问题上节外生枝,屡屡制造事端,企图破坏停战谈判,阻挠和平的到来;又闻敌人穷途末路,现在加紧进行细菌战,并施放毒气,给中朝军民造成很大伤害,望你们多加防范。

看电影新闻简辑：你们生活、战斗的坑道十分牢固、整齐，洞口还挂着对联，种有花卉，令身在大后方的人们倍感惊羡。但我参观过几种煤窑，知道窑内潮湿寒冷，你要注意防潮、防寒。

　　路局工作早已趋于正常，职工们意气风发，尽一切办法增加生产，支援前方。原京汉路局已迁至郑州，我们全家不久即将随迁该地，我已托人于路局附近觅得一小院，独门独户，十分方便。自你与弟妹三人参军后，家中仅余三个老人，生活十分简单。

　　你母于汉口书肆见一苏联战争小说，写一支侦察队深入敌后，予德国侵略军很大打击，还擒获一德党卫军的将军，相信你会喜欢此书的。

　　另外，好婆每提及你时，总爱说一句话：真正勇敢的兵士，子弹也会远离他的，我们日夜祈愿和平早日到来，期待着你早日胜利归来。……

　　时代在前进，人也在变，到新社会了，人际关系变得更加密切了，许多怨愤、误会、猜忌都成了过去。

他又想起家中转来的姐姐的信，信中附有一帧复印的生母去世前的小照，母亲是因为痨病及怀他而早逝的。照片上清瘦、忧郁的面容，宽松而显得僵硬的中式上衣，两只凹陷的眼睛里流露出依恋的神情，斜视着前方，似乎要穿越死亡，向她的孩子们发出永恒的呼唤，呼唤他们要勇敢地生活下去，去迎接任何艰难的挑战。是的,也许他正是照母亲的意思去做的,要是母亲还活着,大概也会为他而高兴。

家信中还提到靳小姐的病情加重,她不断嚷着:回家,她要回家,有时候还念叨以简的名字……

  靳妈妈说:她在美国学美术,画的纽约伊斯特河两岸景致,总让人想起武汉市长江两岸的风物;她画的一些布鲁克林的住宅很像汉口兰陵路上我们住过的法式红砖小楼……

  她害的是结核病,这个病往往与精神过度忧郁有关。她不应该去那么远的地方,又是外国……她跟我说过这样的话,是我不曾加以理睬,我也是害她的人……

他永远忘不了他们三年前在资江边分手的那一刻:

那天上午,大李要护送她到衡阳,再从那里乘火车到广州,经由香港赴美国去,这是她大姑父的安排。大李早已备好了车票,早早就把她的行李放到了客车上,又为她占了一个座位。

离开车还有半个钟头,她突然把他推到附近的一辆废旧的破客车后面,急切地说道:

"简哥,我不走了,我想跟你在一起!"

他愣住了,一时不知道说什么,以及是说还是不说话好。

他拉着她的手来到资水边上,这是他最喜爱的邵阳景点之一。江水蜿蜒流向浑蒙的天外，江风阵阵袭来，他头一次，也许是最后一次双手搂住了她的纤腰，触摸到了一条条骨棱，心里一阵酸痛。

"洁，你们家什么都给你准备好了，你怎么突然想起了这个念头，再说，你要是真留下来，我拿什么养活你，总不成让我们俩一道喝西北风不成？……"

他还想说点什么，劝劝她，也安慰自己一下，可是再没有勇气说下去。只见两行晶莹的泪水从她两眼中涌流下来，又沉默了一会儿，她才缓慢地抽泣道：

"那我还是走吧。"

回到停车场，司机正在大声吆喝：要开车了。一些人堵死了客车车门，谢以简只得和车上的大李一推一拉把她从一个车窗里塞了进去。破车晃晃悠悠地启动，渐渐驶上尘土飞扬的去衡阳的沙石公路。

他跟着汽车跑动着，忽然，车窗里伸出一双瘦长的、白皙得透明的手臂，拼命地向他摇晃着，并且大声在喊着什么。他不顾一切地冲上前，想握住那只晃动的手，一面大声喊着："溧洁，溧洁！"

他喊叫着，不断地加快跑步。这时，汽车加起速来，破车厢、飞扬的尘土和那只晃动的手臂很快超越了他的视界……

他那时当然是出于无奈，以后也没有进行过反思。但现在看到家信，得知她的近况后，他突然意识到自己其实犯了一个很大的错误：怎么就不能再等待一下，咬牙挺过一段时间，形势就有了大的变化。

　　那时候在国统区，消息封锁得厉害，我又看不清形势走向，更没有想到形势会发展得那么快！那时候，我大半个脑子里装的是灰色的避世哲学和怀疑论，完全缺乏政治敏感性，看不清明天……人啊人，一辈子要犯多少大错误啊，要付出多大的代价，才能在政治上变得聪明起来！

现在，在这临津江战场上，他只能痛责自己和为她祈祷，祈愿她平平安安，早日康复，像当年在汉口时一样生气勃勃，一样活泼可爱……

天德山的黑影中不断闪现出火光，紧接着附近传来震耳的爆炸声，这是敌人向我后方进行例行的夜袭。他站在山顶上，南望月光下一座座泛着白光的秃岭，像要融化在天边的迷蒙中；再回首向北方远眺，一片深沉的、蓊郁的丛林，起伏的山峦，他知道：在群山的后面，就是自己亲爱的、强大而广袤的祖国。

# 十七

——敌人龟缩到悬崖边上。

黎明时分,临津江河谷弥漫着浓雾,122.9、155和敌占的134像浮出水中的三座岛尖。正南方每隔几分钟白光一闪,接着传来沉闷的炮击声,然后轰的一声落到团阵地的后方。

"123、123、123……"谢以简每数一下"123",便弯曲一个手指,这代表1秒钟。从白光一亮开始,直到听到炮口的发射声,用秒数乘以331公尺(音速)即得出敌炮距我们观察所的距离,再依据敌炮发射的方位,即可在图板上标定出敌炮的位置,这是缪金才教给他的方法。按同样的原理结合目测还可以比较准确地判断出敌炮弹弹着点的精确位置。

他坐在掩蔽部的吊凳上,发现洞外露天的观察口上一号下半身的身影,就轻轻走出洞子,向首长报告了他用手指计算出的敌炮的炮位。

"昨晚午夜时候我还听到临津江对岸隆隆的马达声,响了好一阵,从声音判断像是一群坦克。"

"估计有多少辆?"

"至少有六七辆。"

"那些大炮呢?"

"从声音和射程看,可能是八英寸大炮,一共是六门。"

"这些炮口径大、射程远,可并不太可怕。因为它的弹道是弯曲的,打得越远就越不准。问题是我们够不到它,我们又没有飞机,只好看着它逞威风,但这是教师爷摆出的花架势,你不能被它吓倒。"

天亮得很慢,大雾渐渐升起,前面的二营主阵地和其前那三座小岛似的山峰完全不见了,渐渐地,四周变成一片灰白色的雾海,连观察所也被它吞没了。

在外面已没有可观察的对象,一号钻进了掩蔽部,坐在吊凳上,随手翻阅着昨夜的记事和旁边放的一本上级发的《美军侦察手册》,里面讲得较多的是单兵的侦察要领,并附有插图。

一号浏览了一会儿,就把书合上,放回土台上,头也不抬,突然问道:

"有女朋友了吗? 小谢?"

谢以简犹豫了一会儿,答道:"有一个,但是在那遥远的地方。"

"什么地方?"

"大洋彼岸。"

"唔……"

"首长,你为什么还不跟小梅结婚?"谢以简不愿多谈自己的事情,见一号提起了这档子事,就大胆问道。

钟梅是个湖南姑娘,一九四九年在湘西参军,谢以简在宣传队时的同事,也是个非常爱干净、整齐的年轻人。一九五〇年季杰与钟梅二人的关系就定下来了。当时季杰按部队婚姻规定的标准,已完全符合干部婚姻条件,团的组织部和他自己都在张罗婚事。秋后朝鲜战局突然急转直下,美军仁川登陆后,与其仆从军从东西两岸向北急进,进行跳蛙式进攻,其前锋很快即抵达鸭绿江边,在形势最危急之际,党中央决定组成中国人民志愿军过江赴朝参战,季杰的婚事自然也就放下了。如今他已过而立之年。钟梅在军留守处工作,一九五一年五战役后曾到团里来过,当时人们都以为:休整时间较长,部队的人结婚再简单不过了,两个人把行李卷放到一齐就结了,最多买点糖果分撒给客人。这回首长要结婚了,二号和三号都已托人借回国机会捎些镜框、糖果之类,准备作为战时婚礼之用,时间、物品都已经确定好,团里突然接到军里的紧急命令:停止休整,立即开赴临津江前线接防。季杰让钟梅赶紧回国去。

"又要打仗了,死活都不知道,我们何必那么匆忙呢?"他对钟梅说。

"三号不是也结婚了,两口子在一起过得不错,也不见得有什么碍事处。"

"不要扯到别人。"一号说。

"你还把去南京军事学院的机会也让给了别人……"谢以

简嘟囔道。

"当时军里是把那个名额给了我,所以我才找你给我补习数学。"一号说,"可是你也清楚,不久咱团就奉命开往前线了,我能够在这当口上撂下共同战斗了十几年的团队,一个人心安理得地去南京上大学?……"

他知道季杰是个十分好学的干部,一定多么珍惜这来之不易的学习机会。当时他每天去一号那里两小时,辅导他代数、几何和三角。谢以简在高中时数学学得并不好,主要这是首长对他的信任。其实,团里有两个正经八百的大学生,但是季杰不请,偏偏找他。

每次辅导完了,他都在教科书上画上几道练习题作为家庭作业,第二次上课前检查。季每次都像小学生一样,把它们整整齐齐一道一道地写在数学作业本上。有时,也有一些算错的地方。"其实是我没有把问题讲清楚。"他想,就当面把公式或问题再讲一遍,而季杰也自愿把题目重做一遍,直到完全做对为止。

"你真是一个做题认真、书面又写得这么漂亮的人。"他夸奖自己的学生道。

"我不喜欢邋里邋遢。"一号说。

团长是这样,司令部的干部,甚至营的干部也多半是这样,都很注意军容整洁。参谋处的报告也都是纸张洁白,字写得整整齐齐,每个标点都用了心的。

"要吃您的糖还真不易啊,首长。"谢以简叹息道。

"等一等，再等一等，等打完了仗有你们吃的。"一号说说自己笑了。

由观察所的山顶往下，大雾渐退落，散尽了，122.9、155、134三座山头像洗浴过一般，一切显得异样的清晰。过了一会儿，开阔地方向响起了坦克马达声，蓝天上飞来几只恶鸟，向着155主峰扑来，连投弹带扫射，完全打破了半小时前山谷中的宁静，山顶上烈火在燃烧，恶鸟飞走之后，江对岸山上和西江市西南山的敌炮也开始向155山头猛烈轰击。

"叫三股长"，一号对谢以简说，"电话叫他马上带一部步话机来。"

司令部的洞子就在山后腰上，没多久，三股长带着几个人就跑上山来。

一号用电话大声地对七连长说："看来敌人来势很凶，注意打击敌人，必要时退让一步，引敌人上山，引到你们核心防御圈内，我会设法接应你们。"

又一阵猛烈炮击之后，155山前响起密集的射击声，其中掺杂着如爆豆般连续的手榴弹爆炸声，这表明七连已经与攻山的敌人在山腰部短兵相接了。

团观察所内外聚满了人，作战参谋立在洞口不断将一号的命令记录在夹子上。

"命令炮兵立即阻断敌坦克向我的运动。"

"命令团属炮兵狠打155正面的敌步兵群。"

洞外的露天观察口内也站满了人，谢以简只得从人群中退出，去到十几米外的一个大炸弹坑内。这里原先也是个备用的露天观察口，后来被敌人轰炸机炸毁了。他就趴在坑沿上，用肉眼观察155的战斗，他将大望远镜给了一号。

金岘洞南山西侧的7.62野战炮又伸出了长长的炮管，开始向敌坦克群猛烈地反击，硝烟很快遮没了大炮和炮身后忙碌的炮兵们。山后的加农炮也投入了战斗，正在与敌远程炮群进行对射。硝烟中又传来了很响的马达声，声音很近，似乎就在山下。谢以简赶快跑回观察所向一号报告。

"……看来敌人在坦克掩护下已经冲上了155山头。"

一号夺过三股长手中的步话机，对着步话机喊道：

"洞拐，洞拐，我要洞拐！"这是七连的代号。

"我是洞拐……嘭！……嘭！……嘭，报告一号，敌人又一波冲上来了！"……"嘭！……嘭！——"步话机内没有了话音，只有电磁波的噪音。

"这也不通了……"一号把步话机交给三股长，谢以简趁机向一号做了报告。"知道了，"他说，"敌人已经冲上了山头。……现在跟七连的联系完全中断了，可是我必须联系他……我们能派谁跑到155去？"他转脸向三股长问道：

"不用派，这儿就有人。"三股长道。

"谁？"

"就在你身后。"

一号回头，一看团司号长正站在人丛中。

这是个身经百战的苏北老战士，打仗时，身上永不离开

山崖上敌人举起了双手

(选自《抗美援朝纪念册》)

红布兜里包裹着的黄铜军号。

此时,155山腰上烟火弥漫,借助剪形镜可以看到环形战壕内我们的人在烟雾中弯着腰冲向前山。

"叫七连立即停止反冲锋,退下来!守住坑道口,看到我们信号再动作。"

"是。"老号长应道,当即取出发亮的军号,跑到二十米以外的山冈上,吹起号来。

号声反复,在金岘洞南山上急响着。

不久,穿过密集的压倒一切的枪炮声,155方向传来微弱的、乘隙而出的军号回应声,它延续着,飘过山谷,一直飘向远方,像天际的战神在引吭高歌。

155山上烟雾逐渐散开,枪声也稀疏了,敌人的重炮开始向我纵深延伸,坦克的马达声一步步转向开阔地。

敌人得意了,山前山后到处有敌人在走动,随意地扫射着,四处寻觅我军的坑道口。

一小时后,我军所有的重炮、迫击炮群对山头发起了最猛烈的逆袭,阻断了敌坦克和步兵的回援。军号嘶鸣,七连猛然从各个方向发起反击,山头上重又为硝烟所笼罩,冲锋枪、机枪的连射压倒了一切。用肉眼都可以看到山后我们的战士们鱼贯冲出,向着山前跑去。

嗵!嗵!嗵!无数的炮弹呼啸着飞向前去,在山脚下爆炸,阻断了敌步兵和坦克后退的道路。

"打得好!打得好!"一号一边用望远镜盯着前方,一边大声叫道。

155山顶的硝烟慢慢被西风吹散,谢以简从剪形镜里看到了一个奇异的景象:至少有四五十名敌人犹疑地走到155南坡边又停住了,有的转回来,又被我军击退回去。谢以简记得军用地图上那儿是许多条紧挨着的等高曲线,表明此刻敌人慌乱中已退到了一条死线——155南山崖的边上了。

"看见了吗?"一号举着望远镜说。

"看见了,敌人一定是打散了,也打蒙了,已经忘了东南西北,他们是想跳崖吧?"

这时,三股长报告:电话线接通了,七连长有事要报告你。

一号走进掩蔽部,接过话筒。

"报告一号:山前发现敌人的尸体很多,总有七八十具,还有一些嗷嗷叫的重彩号……"

"嗯,很好,你看见东南山坡上的敌人吗?"一号打断了他的话。

停了片刻,话筒内又响起来。"一号,看见了,他们正在悬崖边上打转转,看来有从山崖下逃走的企图,但是崖坡一定很陡,又有密集的树丛,因此一下子下不去。"

"赶快冲上去,解决他们!……这是机会,动作要快!"

"是。"电话挂了。

山头上又响起密集而清脆的我方冲锋枪声,战士们管这叫催命鸟的叫声。

谢以简从剪形镜内看到黄尘中一群黑影向前跑去，崖边的敌人乱作一团。

"敌人投降了，"谢以简对着一号叫道，"我看见有人举起了双手。"

"我也看见了，他们正往这边走来。"

一号抓起电话，对七连长说："抓紧时间收拾俘虏、打扫战场。敌人暂时还不会向你射击，动作要快，要把我们的伤员和烈士尸体快点儿抬进坑道里。"

## 十八

——阵地上的红十字告示。

一大清早,张政委的警卫员跑到山上来告诉谢以简,政委要见他,让他立刻下山去。

二号现在急于见他有什么要紧事,他很纳闷,又不便多问警卫员,就立即跟随他一阵风下到山后,进了二号的坑道。

二号的卧室兼办公室在坑道的尽头,一张床,一张长方桌,几个自制的长条凳,地上铺有地板,但仍很潮湿。长桌上一支白蜡照亮了桌上的文件和一张白纸,白纸上有钢笔写的几行字和圈点的痕迹。

"你坐下,我找你来有一件事,要马上办。"二号开门见山地说。

"敌人昨天在155留下了很多尸体和重伤号,七连长说很难办。我也想不出什么好办法。小谢,你看呢?"

二号在工作上和一号一样,是个十分严谨的人,由于好写点诗,平时衣兜里总揣个硬皮小本本,随想随写。写好的诗稿再端端正正地抄在一个漂亮的笔记本上,没事的时候,找到团里几个"文化人"朗读一下,听听大家的意见,这是他的一件乐事。因此,团里的人都叫他"诗人政委"。他的想象力肯定是很丰富的。除了在战斗时,他对干部、士兵都很和蔼,干部们也愿意接近他。他称谢以简为小谢,还要跟他商量事情。事实上,他早已准备好无条件地接受二号交予的任务了。

谢以简属于团的这种"文化人"之一,在一般干部中,平心而论,在团里也称得个"小人物"。他歌唱得响亮,经常在团开干部大会前,二号或政治处主任会点名要他唱一支歌,给大家提提精神。他总是拉开嗓子就唱,唱那几支大家熟悉的中国或朝鲜的歌。其次,他会些美国话,又很努力自学。这在前线步兵团中是非常难得的,抓了俘虏,总是由他担任翻译。第三,入朝作战以来,他写了不少战斗短讯和特写,发在军、师的报纸或报告集中。此外,他在战斗中(包括这次主持团的主观察所)一直表现不错,这是对军人最基本的要求和考验。他立过功,得到几位团首长私下的赞扬。

"我想让你写一个英文的告示,马上写。"

"给谁?"

"给我们对面的敌人:美二师第九团,也就是他们称作的'满洲团'。你告诉这个满洲团:本军出于人道主义考虑,决定在今日中午十一时至十三时,允许他们前来我军阵地上,领回其遗留的尸体和伤号,本军将保证其来去安全,决不予以射击。这要用英文写,所以找到你头上了,怎么样?纸张我已准备好，木牌也告诉了工兵连，马上做好送来。

哦，还有一点通知他们：来时为首的要打个白旗，以便辨认，并不得携带武器。"

"是，首长，我明白了。"

"那你现在就坐下来在这桌上打打草稿，然后用毛笔抄写到大张白纸上。"

谢以简思索了一下，随即写出初稿，对二号翻译了一遍，得到首肯，便攥起大笔，饱蘸墨汁，在大张白纸上挥舞出以下英文告示：

## Notice

U.S.9th Infantry Regiment,

In light of humanism we promise that you carry back the GIs´ corps and the severely wounded men left on Hill 155 between 11:00–13:00, this noon, We guarantee your coming and going safely. You may bear stretchers. Keep in mind the time limitation and that the leading one should raise a big white flag as a sign, and all men should not carry any arms.

The Chinese People´s Volunteers

28 Sept.1952

原文汉译如下：

通　知

美第九步兵团：

　　出于人道主义，我军允许你们于今日中午十一时至十三时，将你军官兵尸体及受伤人员带回，我军保证你们来去安全，你们可携带担架，但须记住时间的限制。此外，领队者应高举白旗，作为标志，且所有来人均不得携带武器。

中国人民志愿军<br>一九五二年九月二十八日

"告示上面要画个大红十字。"二号说。

两小时之后，大木牌告示已架在155高地前，开始时敌方仍有零星的射击，但很快就沉默了。随后，敌人对我纵深的炮击也完全停止。可以看到，134山上环行战壕内，人头攒动。秋阳静静地照射着这平日喧嚣的战场。

一号和二号都早早来到观察所，好奇地注视着134高地上的动向，等候他们导演的一出好戏。

"到时候了，"二号看了看表说。

说话工夫，只见134山上一个白色物体在晃动，它渐渐张开，从远处判断，它应该是面不小的白旗。它缓缓地越过了双方的自然分界线——134与155间的山梁，后面跟随着几组绿色的人群。白旗最终插到了我军阵地前的山坡上，人群开始沿山腰下散开，用望远镜可以看出其中有许多人带着担架，还有人打着红十字的小旗。

这只是一个敌人活动的侧影，155的正面由于山势阻挡，大部分都不在视野之内。

前沿阵地打来电话："敌人已经按照我们告示全体出动，前后至少有二十人。他们的动作很有次序：先搬运伤员，其次才是死人，搬回到134后立即返回再搬。由于拂晓时，我们已把他们受伤的和死亡的人集中了，所以，估计搬运的时间不会很长。"

果然，十二点过去不久，山上已恢复了平静，敌人和白旗都消失了。

这一天是进入阵地以来，战场上最平静的一天，只有敌纵深的重炮群仍在进行例行炮击。我们七连的战士也将有个难得的喘息时间，用以修筑已被破坏的地面工事和赖以生存的坑道。

一架敌人的炮兵校正机在高空盘旋着，像只孤零零的鹞子，它不是在觅食，不是在纠正敌炮的弹着，而像是怀有什么其他的目的。

"敌人这回是真老实了。"七连连长在电话中说。

"他才不会哩，"一号说，"看见天上的黑鹞子了吗？它正在盯着你们哩。一定要挖好坑道，24小时不停地挖，几个排从几个方向一齐挖，要是能挖通了最好。天黑了，我会派人给你们多送一些炸药和原木,昨晚上增援上去的人员要把他们编入你原有的建制,从此就是钢铁连的人了。"

# 十九

——155拉锯战。

一夜无事,天刚破晓,全体还在沉睡中,大批B-26战斗轰炸机疯狂轰炸全团阵地,特别是155阵地受到了最猛烈的轰炸,或者,这就是敌人对我们善意的回报吧。新修筑的野战工事大部被摧毁,7.62野炮射击平台被破坏,榴炮隐蔽的山后树林烈焰冲天。

轰炸结束,敌人的炮击开始,射击的目标还是这些,团观察所的山顶上也挨了两发对岸坦克炮射出的霰弹,掩蔽部内灰土弥漫。

一号悄悄地走山,用剪形镜仔细观察着155山前敌人的动向,他一定已经预料到又一场大战就要爆发。

155山前传来了隆隆不断的坦克驶动声,似乎已经进入了进攻阵地。一号急忙走进灰扑扑的掩蔽部内,抓起了电话:

"要七连……是七连长吗?敌人马上要进攻了……准备得怎么样了?……好,要把人员分批投入战斗,而不是一下都冲出洞去,要留后劲,抓好出击时间,让敌人像前天那样,阎王殿上进人，有来无回！"

电话猛烈震动了一下就停了，肯定线路又被炸断了。

155陷入巨大的烈焰中，传来机枪与手榴弹密集的爆炸声，它告诉我们，敌人的步兵已经冲上了山。

敌炮正向我纵深延伸射击，江对岸敌人的坦克炮垒和西江市西山高射机枪居高临下进行直接射击。令人鼓舞的是我方的7.62野炮和团营追击炮仍进行顽强的反击。

电话线接通了，七连报告："他们已击退敌人的四次冲锋。现山下的敌坦克正进行抵近射击，野战工事几乎全部被毁，人员伤亡很大。"

电话铃又叫了起来，"一号，一号，我请求炮火支援！敌人上来的太多了，正从三面进攻我们，已经是第六次冲锋了，敌人还在上……它使用了火焰喷射器，有的坑道口正在冒烟，请求炮火协助我们进行反击。"

"你还有多少人能战斗？"

"去了彩号不到四十人。"

"哦……哦……那你不用再拼命了，听我说，不要再跟他拼命了，他们投入的兵力很大，大约是一个营，现在我命令你：立即让部队全部退入坑道，全部退进去，听到了吗？"

"不行啊，我们的坑道太狭窄，已经躺满了彩号，而且还没有来得及打通……"

"那你先退下去，一边打通它，听到了吗？不能把部队无遮掩地完全暴露在敌人炮火下。要准备按第二作战方案战斗，听懂了吗?"

"明白了,我服从命令。"电话挂断了。

155山上的枪炮声继续了一阵,基本上屏息下来,山头的烈焰逐渐变成了白色烟雾,在袅袅地升起。

谢以简的两眼紧贴着剪形镜的镜筒,当他听到七连长说不能退入狭窄的坑道时,热泪模糊了镜片,一切变成了浑沌。他同情这位钢铁连的连长,他也知道,这支英雄的连队和他们的连长一样,是些宁折不弯的人。在汉城北的釜谷里战斗中,他们的连打得只剩十几人,而且几乎全部是伤员,仍然坚持到天黑,阵地屹立无损。他也相信一号,相信一号的指挥。季杰曾经率领这个团,经历过多少死而复生的血战,难道他会把这座重要的山头阵地轻易地让给敌人?

"都退入坑道里了……很好,一定要把伤员都抬进去。要立刻建立坑道内的防御层次,口上要用沙包,或是子弹箱填土筑成胸墙,拐角处要设置射击掩体。防止敌人施放火焰喷射器或毒气……对,要鼓励,我一定会用炮火来支援你们!……"

电话又断了,可能是线路被炮火炸断,因为我们的电话线一般是沿交通壕或战壕内墙敷设的,一旦这些壕沟被破坏,线路就断了。目前敌人已占据了整个山头的地面,修复电话线是不可能的。

步谈机也不断出问题,时常因炮击的强烈震动或无数电磁波的干扰而失去了功效。军号眼下用不上,因为部队隐蔽在坑道内，无法听清外面的号声。与155的联系已完全隔绝，现在只能靠部属与首长、步兵与炮兵，以及友军之间的相互默契了。

一号一上午都坐在观察所的吊凳上，时而出来用剪形镜察看一下前山的动静。

敌人的炮火有规律地向155周边我团的防区射击，企图完全阻断它与122.9及二营主阵地间的联系。

午后，淡淡的秋阳抚照着山野，南风不时送来一股从155带来的焦炭的气息。用望远镜甚至肉眼都可以看到的山头上有人影在移动。敌人正用火焰喷射器从近处向山头上的坑道口喷火，一遇到我军炮火的袭击，他们就又躲了起来。

突然间，谢以简从剪形镜中看到155山峰顶上插了一面灰黑色的旗帜，正在风烟中飘摇。这大约是敌人步兵的队旗，是表示已攻占山头的标志，也可能是一个联络信号，以避免他们自己的飞机或大炮的轰击。

白昼将要逝去，黄昏时分，山头上的敌人更加张狂，开始大摇大摆像赶集似的一群群人走来走去，有些人像是在搬运弹药、钢板、沙袋或钢丝网，敌人暂时还无法进入坑道，于是在对应的地面设置起防御掩体，企图封死坑道内的人。

在临津江南岸的坦克平台上和134的山坡上，有白衣女子在跳舞或演艺，大概美国人正在为夺回155高地而庆贺，"胜利"，用望远镜可以看到大批敌人军车或坦克正在江对岸山坳间公路向前方行驶，拿小棒的美军宪兵在路口指挥交通。

突击分队在烈焰中冲入敌环形战壕

(选自《志愿军一日》第一卷)

炮火平息一些，步话机又接通了，七连长报告："占领山头的敌人，只要见到地上有我们的人影，不管是死的，还是有一口气的，一律用冲锋枪扫射，坑道里的战士恨得直咳牙，坚决请求出击。"

"要冷静，等待一下，不是不报，时候一到，一切都报！"一号大声说。

# 二十

——"少年心事当拿云,谁念幽寒坐呜呃。"

又一天过去,敌人胆子越来越大,大白天步兵在山上山下四处走动,或是围在黑洞洞的坑道口外;敌坦克排开了阵势,间歇性地向我122.9高地和二营的主阵地开火,炮口在阳光下闪着白光。

一号用望远镜望着这些炮口高扬的钢铁怪物,忽然放下了镜子,自言自语地说道:

"这些家伙究竟是从哪儿一下子钻出来的?"

"134或者西江市都可能有它们的掩蔽部,那个山后是我们炮火的死角。"参谋长说。

"可能性不大,从地图上看,134南面和155南面差不多都是些陡崖,在那样的地形开挖许多个坦克掩体,那工程是浩大的,敌人暂时还做不到。再说,临津江也不是美国佬的水渠,现在还是水大的时候,也不容许他们安安逸逸地干。"

"那他们可能是晚上借夜幕掩护由江那边过来的?……"

"看见155山顶的那面小旗了吗？"一号问。

"看到了，它一直在向我们耀武扬威哩。"

午前的太阳明亮而柔和，在前面三座光秃秃的山峰上反射出一层淡淡的黄色的光幕，使这些一直盯着它们的眼睛很容易疲乏。谢以简从拂晓值班到这时，早就该换班了，但首长就在身旁，万一有个什么指示，他走了怎么办？因此，仍然耐心地站在露天观察口上。

当他的两眼正要离开剪形镜时，前方山上响起了短暂的机枪射击声。

"看！……快看！155山顶上！"一号突然叫了起来。

他赶紧再把眼睛对到剪形镜的接目镜框上时，骄阳下155山顶的那面黑旗已经不见了，山上依然十分平静，仅有轻微的黄尘扬起。

"一个黑影，我看见一个人影像闪电一样蹿回了山后的坑道里。"一号说。

"是什么人，就在敌人鼻子底下大白天孤身夺旗？……"参谋长说。

"那是谁呢？我们的孤胆勇士？"

过了一会儿，步话机响了，七连长报告：二排长孙占元在一挺机枪的掩护下，冲上山头夺取了敌人的军旗，而且安全地跑回来了。我准备在天黑后派人将战利品送到团指挥所。

一号的脸上几天来头一次露出舒心的微笑。

"孙占元，好小伙儿。"他说。

谢以简在我们部队待得时间长了，经历的战斗多了，他渐渐地体会到：在战斗中有两种人最勇敢：一种是孑然一身，无所顾虑的年轻人，初生的犊儿不怕虎，他们没有牵挂，又充满战斗激情和强烈的立功欲望。他们的脑子里堆满了英雄或所敬爱的首长形象，他们会毫不打磕地去接受死神的挑战，做出一般人难以想象的奇功伟绩。另一种是有坚定信念，久经战阵的老兵，他知道什么是冒险，什么是完成任务必须的代价。为了信念，为了大局，他会不顾身家性命，赴死无悔。

孙占元大约属于第一种人。他是小兵出身，参军的时候只有十五岁，先在连队给连长——就是现在155洞子里的钢铁七连的老连长当通讯员，因为他机灵、活泼，后来做了一号季杰的警卫员。这一干就是三年，从锦州战役、天津战役，到南下江南、衡宝战役、广西解放战役，直到朝鲜战争，从一次战役打到五次战役，他由警卫员当到团警卫班长，一直是挎着一只插着小红缨的卡宾枪，腰上系着一只首长用的勃壳枪，行军作战，始终围着团首长身边转，首长们的一举一动、一言一语，都给"小鬼"留下难以磨灭的印象，虽然不是十分理解，但他们宝贵的品质浸润、感悟了他，并因此转化为他奋进的目标。这些"小鬼"都还是些孩子，脑筋灵活，想象力丰富，同时生活于两个不同世界中。一个是琐碎的现实世界：洗碗、打饭、扫地、送信、走路……一个是指挥员运筹帷幄，决胜千里的世界。这两个世界在小伙子心上是统一而非矛盾的，它像一部美的作品，既生动、具体、琐细，又不乏浪漫精神。他就是这样学会了做人、做事，思想在不断地升华，终有一天，会做出令人眼花缭乱、近乎非凡的业绩。

五战役开始，小孙多次向一号请求：下到步兵连去，他在机关待的时间够长了。

一号理解自己的警卫员，知道老留在首长身畔不是个长久之计，就同意了他的要求。他被送回到七连当副排长，在随后的战斗中，已表现出非凡的勇敢；五战役中期，在一次阻击敌人冲锋时，腿部被手榴弹炸伤，他无法站起身来，硬是趴在地上，带领剩余的战友，打退了敌人最后一次冲击，胜利地进行转移。下战场后，他被送到军后方医院治疗，等伤口刚刚缝合，还未结疤，他就匆匆忙忙地归了队。

这时，部队已回到后方进行休整，他一拐一拐地走了一二百里，才找到了七连驻地。七连连长告诉他：他已被提为二排排长。不久就南下参加这次临津江的反击战。

天黑不久，七连长派遣的通讯员来到团观察所，向一号呈交上他们白天夺获的敌军军旗。

这是一面不小的黑色的长三角形旗帜，黑色旗底上印有一个白色的骷髅头，其下为一双斜十字交叉的白骨，估计这是敌步兵第九团的军旗之一。

七连通讯员已在夜幕中消失了，一号把要说的话已对他口述了一遍。抚摸着这面保存完好的敌军军旗，久久没再言语，临下山时，他缓缓地向谢以简道：

"既然孙占元一个人可以在大白天敌人的重围下夺取他们的军旗，我们的部队为什么不可以……"一号没有把话说完，再次回头望了望155山头就下山去了。以简望着他在黑暗中很快消失的背影，轻轻自语道：

"首长在寻思什么？是关于155的战斗？"

第二天一早，一号再上山时，谢以简知道：团已向军、师请示，应该趁敌在155立足未稳，仅控制地面阵地之际，集中力量，打它一个回马枪。为达到精确打击，尽快结束战斗，我们为什么不能改改老是摸黑打仗的旧规矩，改为黄昏天还没有黑透时开始攻击？

一号征询了炮兵方面，他们认为：风险较大，因为敌人占有完全的制空权和炮火数量上的优势，重炮群打了就撤，撤了再打就怕措手不及。

一号指出：风险总是有的，第一次战役，我军在总攻前突然发现美骑一师有撤退迹象，曾果断地提前在黄昏前发起攻击？四战役时，由于是运动战，我军不也曾多次与敌遭遇，在白天勇敢歼灭被阻断的敌军？最后，军首长批准了一号的作战方案：秋天的黄昏很短暂，只要我们做好攻击准备，组织好炮兵的使用，就可以利用这短暂的光明时间，予敌以决定性的打击，等待敌人缓过气来，天已经黑了，他们的空军和坦克，炮兵便失去了依托，留下其步兵迎接我们勇敢无畏的步兵，其结果可想而知。

又过去了一天，浑然无知的美军以为他们已完全控制了

155，只剩下几个黑洞洞的坑道口，等待着他们一个个加以消灭。

红日悬挂在西边群峦之上，战场上静悄悄，已是敌我双方将要开晚饭的时刻。

悄然地，一颗白色烟幕弹落到了155山顶上，升起一缕长长的白烟，几分钟后，千炮齐发，直射155山上山下，整个山头顿时变成一片火海。半空中我方的加榴弹呼啸飞过头顶，无数喀秋莎火箭弹拖着红色的尾巴，照红了半边天空。谢以简兴奋地从剪形镜内看到155山上的烈焰像沸腾的火海，将许多黑色的、灰绿色的物体抛向空中。

"打得好，敌人这下子葬身在他们自己挖掘的坟墓里啦！"一号转过头对一个陌生的干部说。的确是这样，敌人在155经营了几天的地面战斗工事被一个个准确地打翻了。

太阳已经下山，西山的晚霞似乎为了最后给我们的炮兵和急待冲击的步兵指引目标，迟迟不肯退去。

二营主阵地飘起了一长串机枪曳光弹和几发绿色信号弹，聚集于122.9坑道内的一支突击队如脱弦之箭直冲155高地并与山上冲出坑道的七连部队会合，消灭尚未被我军强大炮火炸死的残敌，占领一个个地堡、弹坑和已破坏的环形战壕。大部敌人被歼山上，少数逃往了134。

夜幕降临，燃烧弹和余烬仍在冒着青烟，敌人的炮火和机枪暂时还没有射向155高地，攻占山头的部队开始利用这宝贵的片刻清理战果，押送受伤的俘虏，并迅速将我军伤亡的指战员抬至122.9的坑道中。

## 二十一

——重炮弹爆炸的气浪十米之内可以打死人。

翌日清晨,不出所料,敌人步兵吃了两次大亏,未敢继续来犯,但是敌机开始对155和全团阵地进行长时间的狂轰滥炸,意在报复。

四架F-86佩刀式喷气机轮番向几处投弹、扫射。团观察所也成了敌人报复的目标之一。谢以简眼见一颗灰白色的凝固汽油弹左晃右晃地落下,尚未落地,第二颗又坠了下来,顷刻间,将金岘洞南山的南坡变成一片火海,黄土岭一下子变成了焦土岭。谢以简蹲在交通壕内,热焰烤脸,他抹了抹眼圈,手上满是黑油。

"砰!砰!砰!"烟雾中我前沿的高射机关炮顽强地进行抗击。

敌人的飞机没有飞走,投完凝固汽油弹和炸弹之后,开始轮番对团观察所进行扫射。一架喷气机边扫射边尖叫着从谢以简头顶飞过,巨大机身的阴影携带起强劲的风,机关炮弹等距离地跃过他的身畔。第一架刚过，第二架又对正他的方向俯冲下来，又是一阵机关炮的连射，他已无处可躲，就继续蹲在壕沟内，眼睛望着灰蒙蒙的天空。他前面不远处壕沟里是警侦连派出的防空哨，真是个勇敢倔强的士兵，不管敌机飞得多么低，仿佛要到山梁上抓人来了，他头顶一顶伪装圈，仍旧顽强地贴着壕沟胸墙站立着。强风把他的伪装圈扫飞了，露出洗白的军帽圆顶，他仍旧贴墙像铜人一样站立着，紧紧把着一挺郭留诺夫式转盘机枪，枪口斜对着天空。

"嗒嗒嗒嗒！……嗒嗒嗒嗒！……"每当敌机飞过来时，他就勇敢地与之对射。

"嗒嗒嗒嗒！……嗒嗒嗒嗒！……"这枪声在敌机低飞和扫射的叫声中虽然很微弱，但它是那么固执，像在不屈地辩论着。

"打得好，打得好！对着它的机头打！"谢以简在一架敌机呼啸而过的空间大叫道。

一架F-86打了一个转，又对着他们呼啸着俯冲下来，已经看得见机舱内驾驶员的头脸和机翼下伸出的机关炮炮口。

"嗒嗒嗒嗒！……嗒嗒嗒嗒！……"

一架敌机尖叫着低低飞越他们的头顶，当它向上拔起时发出一种怪异的尖啸，它挣扎着，飞了半个圈，失去了平衡，机尾拉着一条黑烟，一头扎到了山后的丛林中。

"打中了！打中了！"从前沿到后方的许多角落里发出了相同的欢呼声。

最后一架敌机慌忙中把炸弹扔到了自己的134山沟里仓皇地飞过江去。

这时候，灰蓝色的天空中出现了一个小白点，缓缓飘移，变大，成为一张大伞，敌人跳伞了。

金岘洞南山上到处站立着一群群欢呼的人，强劲的南风把敌人的伞吹向南山北麓。

许多人向着后山下奔去，争着要去抓住这个刚才还凭借钢铁堡垒气势汹汹的飞贼。

防空哨的小伙子找回了飞远去的伪装草圈，脸上带着孩子般胜利的笑容，一面擦拭那发烫的枪管，一面抬头对谢以简说：

"我知道我打中了，我的一梭子弹全灌进了飞机的肚子里。"

谢以简急忙转身回到坑道里，取出他的加拿大手枪再跑出来。为了不盲目奔跑，他站到交通壕的胸墙上，搜寻那白色的降落伞。

不久，他就发现了对面树丛中一块白色的物体，他锐利的目光还捕捉到一个人影从白布下钻出来，正跑向林中的一块较高的空地。他正想跳过壕沟，下山去追赶前面的一群人，并且告诉他们，要到那块高地上找去。

"嗖——"一颗榴弹炮弹尖啸着从空中坠下，在他前面不远处爆炸了。接着是一群呼啸声，他已分辨不出炮弹的落向，赶紧跳进狭窄的交通壕沟。就在这时，他听到一声加速的巨大的尖啸声，凭着老兵的经验，他相信这颗炮弹就要毁灭他了。他无处躲避，本能地把身体顺着壕沟平伏在土地上。

他感觉到一道强烈的闪光和巨大爆炸，连带一股无比强劲的飓风，把他整个身子抛了起来。

他身子的各个部位都同时受到了打击，他想睁开眼，但是两眼疼得无法睁开，一摸沙土直往下落，周围像深夜一样黝黑；他的耳朵失灵了，在嗡嗡响；他感到肩背上疼得厉害，用手一摸，是一块多刃发烫的炮弹碎片，他咬紧牙，一狠心把它抽了出来，他感到热的血和身上落满的沙土，他摸到了后颈也在出血；他顾不得这一切了，只恐惧将从此永远失去了光明。

大地在震动，他感觉自己像一张轻薄的纸片。他摸了摸壕墙，缺了一大块，风夹带着火药味呛得他好难受，他判断：敌人那颗几十斤重的炮弹就落在他头顶只有半米高的胸墙上，是他们几个观察兵修筑的胸墙，阻住了炮弹的去路，保护了他的性命。

他调过头，翻过凹陷的弹坑和乱石堆，摸着壕底拼命向前爬。生命只有一条路，这就是：尽快爬到坑道口去，在那儿会有人来帮助他。

他摸到了那个装水用的白铁饼干箱子，箱子斜卧着，地上满是湿漉漉的泥水，他想起清早晾在水箱边上的几本书和小册子，其中有他抄写的战士顺口溜和所喜爱的自绘的铅笔速写稿，现在他看不见，无法去寻找了，他继续使劲向前爬着。

敌人的重炮和坦克炮继续向这一带轰击着，也许他们早就想打掉团的这只眼睛了；也许他们已发现，这里实际是团的指挥所，一切攻、防的命令都由此发出；也许，他们仅仅是为了掩护那个被击落的飞机上的驾驶员。

"狗东西，我让他从眼皮下溜掉了，不知下山的那些人能不能抓住他？"

沿着交通壕一直往前就是他们休息的坑道口，但在这之前几步远还有一个岔道，通往观察所的露天观察口，其旁，就是观察所的掩蔽部。这里的壕沟比较宽阔，他急忙中摸错了方向，爬到了岔路上。

他很快发现了这一点，好在岔道不长。多走几步，就是掩蔽部的洞口。他爬到了头，记忆告诉他那儿有一架日式炮兵剪形镜，他应该摸到它的三角架，然而伸手却怎么也摸不到。

"糟了，我们的看门家私被炸掉了，这往后可怎么办？"

"该死！"他骂了一声。

忽然，从不同方向几支有力的手同时伸向了他，把他连拖带抱抱进了掩蔽部内，然后一直把他抱到休息洞的土台子上。

人群中一片忙乱，他感觉有人正在撕扯他的衣服，用止血带绑扎他的多处伤口。他知道是赵会在使劲压着他的双臂，不让他动弹一下，缪金才摘去了他的帽子，在检查他的头部。

"我看不见你们，赵会，小缪，我什么都看不见……"他焦急地叫道。

他的两眼像有几十只针在扎，疼得直发抖，他回忆起云山战役后一天的事，十一月十三日，那个倒霉的日子，团部驻扎在一个四面环山的小村子里，牵着马的通讯兵进进出出。政司处住的是个两进的农家院落，朝鲜老乡欢迎中国人住进他们的大院子里。正是午休时候，人们习惯地在大炕上躺一会儿。宣教股长带一个干事要下连队去，吩咐大家不要睡了，要睡到山上睡去。这间屋子只剩下他和一个姓周的干事，还有组织股一个姓黄的文书。小黄，四川人，脸皮白皙，长得十分清秀。股长走了，他们说马上就起来，可是并没有动身。

外面传来美国喷气机的低飞声，嗵！前排民运股的房顶首先挨了一火箭弹，屋顶上冒起了青烟。敌机的机关炮嗒嗒地响着，打在前后房顶上，院子里，人们纷纷披衣往院子外跑。谢以简动作快些，迅速蹿出大门，跑到二十米外的一棵小树旁，第二架敌机开始对着院子俯冲下来。他趴在地上，只觉得脸上一阵灼热，回头看，门前一片青菜地正在冒火，抬头看第三架飞机已飞到头顶上，一个凝固汽油弹晃晃悠悠地落了下来。他不等它着地，趁着敌机抬头时奋力向前跑去，那儿有一排大树，树旁是一道浅沟。

他跑到沟内，弯下身来再回头看时，发现有两个火人正从大门口跑出，一下子扑倒在燃烧的菜地里。

四架敌机一定是发现了这是个指挥机关，就这样反复俯冲、投弹、扫射，直到把所有的村屋都夷为一片焦土，日头已经偏西，才扬长而去。

冬日昼短，不大工夫天就暗了下来，到处是烈焰、黑烟，被炸死的穿白衣的百姓和穿棉军服的军人，从牛圈里冲出又被击毙的黄牛，到处是一片哭声和寻人的喊叫声。

他们四处呼叫着周干事和小黄，都没有回音。最后走回来，在仍然冒烟的菜地里发现了一个卷曲着的烧焦了的尸体，大家从那隆起的脚背认出是周干事，他身上还有大块的伤痕，一定是在冲出大院时被机关炮击中，倒下后又被汽油弹烧死的。

天已经全黑了，大家互相询问，又喊着小黄的名字，仍没有回答，人们都失去了指望。大家回到院子的废墟里，去寻找剩余的文件、衣物和手枪。突然一根燃黑的屋梁翻转了一下，一个全身焦黑的影子坐了起来，他的脸像千年古绢一样，一碰就掉下一块肉来，两只眼睛变成两块血红的肉。

"我……我……我以为我死了……"小黄一下子坐了起来，这就是那个漂亮的小伙子，刚满十八岁，钢板刻得棒极了的小文书。

"我看不见啦，我看不见你们，什么都看不见了！"

当夜他就被军医院转送回国内，后来做了整容，但双眼已失明，从此留在东北的一所荣军学校内。

谢以简想起那震撼灵魂的可怕场景，又想到了自己：

……荣军学校，一双假眼，再看不见自己的亲人和战友，不见了春花秋月；毁掉了，青春的面容，讨人喜欢的一张脸——好婆说的；还有事业，有多少想干还没有干的事情……

他越想越伤心，浑身抽搐着，涟涟的泪水从刀割般疼痛的眼角内涌流出来。

## 二十二

> ——他在一个朝鲜孤女家休养。

晚上,谢以简发起高烧,团卫生队长亲自来查看,为他重新包扎、换药。但是眼睛需要专门的检查治疗,团里没有这个条件,而且眼睛是人的半条生命,他不能马虎,立即派了担架,当夜把他送到了师野战医院,在那儿几乎没有耽搁,就和另一些伤员,同乘一架平板马车,继续攒行,一直拉到军的后方医院。

军部医院做了初步检查和处理,认为外伤容易治疗,但眼疾需要做较长时间的观察和治疗。当时由于美国人加紧实施细菌战,特别是在中部朝鲜地区,施放得最多,因此病房内人满为患,有些病员还需要隔离,医院已穷于应付。谢以简被安排在一间排级干部与战士混用的大房间内。他生活无法自理,又需要静养,因而被安排在靠里的墙角上,每日由护理人员照顾他的饮食和方便。

他经常只能侧身躺着,背上和颈后的伤口仍在渗血,医生安慰他这几处伤口都没有伤到要害,慢慢会痊愈的。

"那眼睛呢?"他急切地问道。

"等等看,现在你千万不能着急上火,我们会尽力给你治疗。"

他不再有白天黑夜,只感觉两眼眼底和眼睑火烧似的疼,有时为减轻眼部的血压,他故意平躺在土坑上,造成肩背和脖颈猛烈的疼痛。

"以后我还能看见外面的世界吗?"他问医生。

"不要犯急,小伙子,"医生说,"你的眼睛是被炮弹的气浪打瞎的,一颗手榴弹爆炸的气浪就可以在几米以内要人的命,何况一个重炮弹?它的气浪能够在十米之内打死人。你没有死,真是个奇迹!

"还有,眼睛是人身体上感觉最敏感的器官之一,它有种强劲的自我保护能力,在受到异物打击时,它会在千分之一秒的时间内闭上,避免或减少所受到的伤害,你当时的身体姿态也保护了你,你看你的炸伤都是在背后。因此你两眼受到的气浪打击可能是间接的,许多砂石、碎土粘在你的眼睑上。所以,我看,你不一定会眼瞎,关键是要有耐心接受治疗,保持一种尽可能平和的心态。"

他的听力渐渐恢复了不少,但睡得很少,白天除治疗外,就躺在墙角上听伤病员谈话,有些故事很令他感动。他最害怕黑夜,这时他只能听轻伤病员的呼噜声和重伤员的呻吟。他知道,其中有些人打掉了一条胳臂或一条腿,当麻醉药效过去,他们会疼得直咬牙,骂几声洋鬼子,却没有人哭叫。

他由此摸索出一条减轻痛苦的方法，那就是：当你陷入难以忍受的厄运和痛苦时，就去听听、看看那些比你的厄运和痛苦更大的人，看着他们是怎么迎接命运的打击的，看看那些生活强者，他们是怎样生存的？这样对比之下，你就会感到身上的痛苦减轻了许多。

半个月后，重伤员大部分送回国去了，而他留了下来，他暗自高兴，相信自己大约还不属于危重病号。由于病房空了不少，谢以简需要静养治疗，院方就把他转移到一家人口少的朝鲜人家，那儿有一间连营干部病房。这是一栋典型的朝鲜农家平房，一共是三间，进门是灶屋，低下的灶膛，两口大锅。一个热水的铁闷罐，屋角堆放着泡菜缸和柴草。登上灶台边的小门是一间外屋，外屋空荡荡，但擦拭得很干净，炕面用旧书糊上。穿过一个小拉门就是里间，里间有一个矮柜子，柜子上有镜子和梳子等简单的梳妆用具，两床厚被整齐地叠放在角落上。这家的主人是个孤女，十八九岁，她自愿承担照顾住在外间的志愿军伤病干部。没料到这回住进来的是个盲人，她的活也就增加了不少。

朝鲜人的炕和中国北方的炕不同，几间房子就是一铺大炕，谢以简整天在大炕上爬来爬去，无所事事，又睁不开眼，有时就试着与东家——那个朝鲜姑娘用半生不熟的朝语闲聊。姑娘叫金焕姬，父亲原是面（相当中国的乡）中学历史教师，参军南下以后，迄今渺无信息，人们判断十有八九是牺牲在38线以南了；母亲是妇女联盟的成员，积极率领本村妇女支前,不久前病故。开战时她是面中学的学生,一个品学兼优的女孩子。不久战争形势变化,学校停办,她辍学了,现在是村里青年联盟的委员长(支部书记),不但要处理家务,照管青年联盟的事,还要经常参与村上的事务。可能由于家庭的原因,她对志愿军有一种亲人般的感情,她是主动向医院提出把家作为病房的。

她每天像上课一样,听到医院的旧汽车钢圈一敲响,就抢着去食堂打饭,一日三餐,从不耽搁。后来她知道谢以简爱吃米饭锅巴,就改到排尾去打饭。大师傅们混熟了,也喜欢这个热心的姑娘,往往不等她到,一铁锅饭打完,就把一大块锅巴给她预备好了,让她一到就拿走。医院里隔一阵子有一些从国内运去的肉、蛋供应,但是缺少新鲜蔬菜。她听说她的病人急需蔬菜,除了经常给他端一碗自渍的泡菜外,有空就上山去摘些野葱、野蒜或中国人喜欢吃的桔梗、曲麻菜(苦菜)之类的野菜,洗净了给他拌酱吃。

他看不见,但是根据两年来他与朝鲜人民相处的经验,他能够想象出这个善良年轻的女主人。有一回,当她把一铜钵热饭送到他手里时,他无意触摸到她的手,柔嫩、细腻而富有弹性的手,他的脸红了,立即撒开了那只手。

"感谢哈姆尼达(朝语敬语,表示感谢)。"他口吃地说道。

"以罗不斯迷达(朝语敬语,表示没关系)。"她说道。

这清脆的话音在姑娘走后,他仍玩味了好久,直到最后责备自己过于歇斯底里了。

他现在真的是一无所有，铺的、盖的、用的，甚至穿的都是后方医院的。来的时候，由于仓促，赵会和小缪只给他带了个空挎包，里面就是一个铝饭盒，一个用了一年多的朝鲜小铜勺，几件牙具和一条旧毛巾。在前线坑道里，他还有几本书，几个小本子，一套棉军服和几件换洗的单衣。现在他有书也无法看，于是请医院回国采购的人用他的津贴费买了一个口琴，没事时就吹起来消磨时间，他每次吹起所学会的朝鲜民谣和志愿军军歌时，金姑娘就会尽量压低做活的动静，注意地倾听着。

天黑之后，青年联盟的盟员经常到她住的里间开会，拉门白天黑夜经常是开着的，里屋坐不下，就坐在外屋里，他们从来不避讳他。他也不甘寂寞，非常乐意听她们辩论、争吵，有时声音很大，他仿佛是个不发言的列席者，姑娘们有时候也用半吊子的汉语跟他搭话，这时，他感觉到心里为之一暖。

村里的干部有时也借这房间开会，他听得出除那位村长外，其余全是妇女，金焕姬不时参加会议。

他们谈秋收、缴公粮、送子弟参军，谈志愿军伤病员的事，谈回归热、伤寒和美国的细菌战；也谈临津江前线志愿军的战斗与胜利；谈志愿军空军和美国空军的战斗，他们谈话的乐观情绪感染了他，使他对未来更具有信心。

"中国的毛巾真好，又白净又经使。"一次会下闲谈时，金焕姬说。

"巧斯米达(好极了)!"另一个人说。

原来她们的身上或脖子上常带有一条,多半是志愿军伤病员赠送的白毛巾,谢以简早就知道:一般朝鲜的地方干部喜在腰带上别一方白毛巾,大多是中国产品,这已经成了一种时尚或基层干部的标志。听过这些话后,他就把准备换用的一条新毛巾,医院里最近发的,叠好收了起来,自己仍旧使那条坑道里带来的破毛巾。

这期间,他收到了一封前线转过来的家信,由郑州寄出的,一位护士把信念给他听:

懋恭吾儿:

……好婆、你母及我都好,弟妹们也好,勿念。

年前,我将贵军寄来的你的革命军人证明寄回了吴东老家。当时家乡已进行完土地改革,但为了贯彻优待在役军人的规定,专门给你补分了两亩水田和一小块宅基地。特别让我感动的是:他们把你阿嗲(祖父)和阿娜(祖母)病故前典出的三间祖屋发还了我们。(土改时我家划的成分是贫农)。这是祖上留下的一个根。你还记得明清笔记文中写的一首有关家乡老屋的谣曲吗?

门前一片横塘水,
郎若有情来吃茶。
茅草为顶土为屋,
房后一树马缨花。

孩子,那就是我们谢家老屋。我已把那两亩水田退还给村里,而把老屋留了下来,待你将来复员转业,或是我们告老还乡,也好有个安身之地。……

"你家是农民?"女护士问:

"是,抗日战争爆发之前,我爷爷和奶奶在家种地,农闲时爷爷就到上海码头干活,扛很大很重的棉包;后来日本人来了,棉花码头改成了海军码头,再不许中国人靠近码头。爷爷郁闷得很,过一年就病故了。他去世不久,阿娜又得了病,没钱治病,就把屋里家具,到最后连房子也典了出去,病还是没有好转,她老人家也跟着走了。"

"你爸爸呢?"

"爸爸是独生子,小时候边种地边上学,长大后进城当了铁路职员,加上二老去世,跟乡里的联系就少了。但他是乡下人的种,他总是忘不了那三间草房和一大堆的亲戚。"

"你呢?"

"我离老家久了,偶尔跟家里人回老家去看看,看看后塘里喂的草鱼和屋墙外盛开的马缨花,我就不管走到哪儿,也忘不了老家。"

"唉!"中年的女护士叹气道,"中国人就是这样,总忘不掉自己的那个根,否则就觉得自己好像是个浮萍。"

她接着念那封家信道:

前不久，街道上敲锣打鼓送来了你在朝鲜三战役中立功的喜报，还在我们家大门上的军属牌挂了红。现在，国内到处都把你们称作"最可爱的人"，可尊重哩！我和你母将喜报用镜框框上挂在堂屋的正墙上，客人来了一眼就能看到，望你继续勇敢杀敌，报效国家。

他把读完的家信压在枕头底下，不时悄悄地把信纸抽出，像抚摸盲文一样想摸出父亲的笔迹，他反复地咀嚼着父亲引用的那首描写关于江南老屋的歌谣。

他的眼睛上仍旧包着很厚的眼罩，他多想偷偷把它摘下来，试试自己还能不能看见这大千世界和四周的人们。有一次，值班医生给他换药时，他突然大叫："我看见光了！"

医生掏出打火机，打着了火，在他的两眼前晃动。

"看见光了吗？"

"看……我看见了。"

"在哪边？"

"这边。"他指着左眼说，其实是猜测，但他猜对了。

医生不再怀疑，兴奋地说："同志，有希望了，再忍耐治疗一段时间，你会重见天日的。"

医生走了，他偷偷地把眼罩撩起一些，感觉到像箭一样的光射入他的眼帘。临津江的干流离医院不远，他时常在一些病友的扶持下，走到江边，用清凉的江水洗洗太阳穴和头顶，他预料再过一段时间，大约就可以回到下游前线去。

## 二十三

——她看见一双晶莹的、含有血水的大眼睛。

他的背伤已愈合,听力基本恢复,眼疾也不那么刺痛了,他开始像一般瞎子一样摸来摸去,出门时总不忘带一根棍子。在屋里,他的话也渐渐多了起来。他跟金焕姬谈自己的家庭和中国人的生活习惯,东扯西拉讲自己的经历,只没有谈及他经历过的罗曼史。不管讲些什么,她总是耐心地倾听,很少插话,仿佛是在听一段两人共有的旧事。

他从心底里感谢这个自愿帮助他的朝鲜姑娘,他的眼睛有指望,不该忘了她;她几乎每天上山为他摘野菜,包管了他生活上的大部分的事情。她在自己家的病房内照顾过那么多中国干部,他们之中有谁不感激她?

"我看不见她,我应该用怎样的笑脸来回报她?"

他有时会想象她的模样:一头流水般的长发,一边头顶着水罐,一边跟过路的姑娘们大声聊天,她的脸永远是微笑着。她经历过大灾大难,但她有同志、有朋友、有乡亲、有这些中国人帮她分担忧愁，她年轻，苦难压不倒她。

他的两眼还包着大的黑眼罩，现在已不仅是为防止感染，而主要是用来遮挡光线，保护他正在恢复的视力。在晴朗的黄昏时，他会模糊地感受到黑夜的降临。他已多次请求医生摘去眼罩，但是医生总不同意，点完一种有刺激性的眼药水，就立即把眼罩给他戴上。

一天上午，他躺在大炕上，浮想联翩。忽然，感觉眼罩下鼻翼间有清晰的白光，比往日清亮。他多么想睁眼看看自己每天住的这个大房间，还有那个天天打交道却看不见的金姑娘。

正好这时金焕姬从外面走进来，看见他醒着，就照例地说了一声："安尼哈斯米达（你好）!"随即进了里屋。

他轻轻揭开了眼罩的一角，眯着两眼，胆怯地往外看，只觉一道强光射进他的眼睑，他感到一阵眩晕。但他没有放手，反而一下子把眼罩整个揭开了。他两眼酸疼，好像点眼药之后那样，但这一回他模糊地看到了窗棂和射入的刺眼的阳光。他赶紧闭上眼，休息了一会儿，再调过头，向着敞着拉门的里间望去，发现前面有个白色的物体在缓缓动弹。

姑娘似乎有什么感觉，一下子从炕上站了起来，他仍旧侧身躺着，只觉一个充满白色光点的聚合体悠然升起，中间仿佛隔着一道雾幛。一刻钟后，烟雾散去，仰视一个浑身披满霞光的天使正高高立在他的前面，黑缎子般的长发一直散到腰际。

"金焕姬!"他叫了一声。

"谢东母(谢同志)!"姑娘同样惊喜地不知说什么是好。

她看见了一双晶莹的、含着血与泪水的大眼睛,一个清癯然而招人好感的青年的脸蛋。

"巧斯米达(你好)!"她惊呼道,迅速走到外间,跪在他的身旁,对着窗外的天空颤悠悠地说道:"感谢哈姆尼达!"

现在,医生同意他不必整天戴眼罩了,可以把它放入上衣兜内,遇到大太阳时或其他强光时遮挡一下即可。他可以单独行动了,常常到他原先住的大病房,一坐就是半天,听伤病员们谈论最近临津江前线的战况;也听志愿军司令部的一个警卫排长谈第一战役中毛岸英的牺牲,这对这些跑遍了半个朝鲜半岛的人来说,还是个新闻,大家都很震惊;也是在这儿,他听到了罗盛教的英雄事迹;他还听说,在成川、沙里院等地上空,我们的空军经常出动,与敌机展开激烈的空战,我们的防空炮火在保护桥梁等重要军事地点时,表现出异常的勇敢、顽强……

有时,他也用其他病友给他的铅笔和小本本,记下他们随口而出的战争歌谣,最难忘其中一个伤员念的一首《儿童院》(即孤儿院),讲一群朝鲜战争孤儿的苦难遭遇。另一首是一个副排长写的:

过江
又是雪来又是风,

千军万马往前行。
唱歌跨过鸭绿江,
只见江水青又青。
抗美援朝卫祖国,
打完胜仗回故乡。

这使他回忆起一九五〇年十月十九日夜晚通过鸭绿江的一些片段:

当天,股里做了那么多干粮,是用面炒制的土饼干,每个人装了一口袋,另外司政处还发了三天的大米。下午,股长让他去参加一连战士的表态会,他去了一班。姓武的班长是个充满热情和胜利信心的小伙子,他首先表示,要在这次出国作战中立下大功,获得一枚军功章。

"如果我打死一个鬼子,我就赚了一个,如果打死两个,就赚了两个;即使我光荣了,我还赚他一个哩。"

(后来,在四战役中,他们营突袭敌一个坦克侦察连,他用爆破筒将夜间警戒的一辆坦克首先炸毁。敌坦克一时乱了套,扔下步兵匆匆沿公路逃跑,又被我炮兵堵截。一个连伤亡过半,武班长因此立大功一次,获得朝鲜颁发的军功章一枚)

回到政治处,股长用他那个玩具照相机给股里的每个人留了一个小照。傍晚,大家已将粮食、锹镐、武器和背包等一应物品准备好了,围坐在东家那个俄式壁炉的前面,静静地等待出发的命令。他暂时没有想即将与强敌展开的战斗,也不去想这一次出国,要多久才能回来。他明白:自己已经不是新兵了,这不是作为下层干部应该考虑的事。

集合号在街口急响着,团司号长连续吹了三遍,号声在街区中轰轰回响。

团队离江桥不远,很快就登上了那座据说是日本人修的铁桥,部队沿桥两侧的木板人行道同时前进,透过木板缝,可以看到闪动着鳞光的鸭绿江水。一列列军车从桥中心的铁轨上驶过,发出震耳欲聋的响声。

到了对岸新义州,整个城市为黑暗所笼罩,商户全都关门,不见有人在街市中行走,只有在城边上有几个抱着孩子的妇女依墙站立,好奇地望着这看不到尽头的大军,不时地向大军扬扬手,墙上贴满了他看不懂的朝文的标语。

出了城,步兵、炮兵、骑兵通讯员们拥挤在去龟城的山区公路上,夜空中不时有美国夜间轰炸机在空中訇然掠过。再往南行,满目是燃烧着的森林、村庄,这是美国人用凝固汽油弹燃着的,金色的火舌在不断沿山脊向前延伸着,火光照亮了整个夜空……

下午,他坐在大病房的廊板上乘凉,听病友们聊天。

一个瘸腿的朝鲜少年大声叫道:

"中国飞行机!……中国飞行机!"

只见湛蓝的天空中有几十条白色的烟线拉过,平行地,向后延伸着。最后,这些白线变粗,扩展为漫天的白色烟雾,

薄暮中通过安东鸭绿江桥的志愿军部队
　　　（选自《抗美援朝战争史》第一卷卷首）

遮蔽了半个天空。

"中国飞行机!"谢以简跟随四周穿白衣的朝鲜老乡高声地喊着,他一直在前线,还从未见到过我们自己的飞机。

村庄里,山坡上,公路边到处有人在欢呼、在鼓掌。

"乔斯米达(朝语:好哇),中国飞行机!"

过了片刻,天空中的白色烟雾仍在漫卷着、变形着,就在这些白线的起始处——南边远处地平线上空,传来"轰隆"的连声爆炸声,那儿正是我军前沿的后方,敌机肯定是在袭击我北方的战略目标后,将剩余的少数炸弹投向我军阵地,以便轻身返回南方。

他不再叫喊,周围的志愿军伤病员们陡然沉默下来,不再仰望苍穹,都一下子回坐到原来的廊板上,继续聊着被打断了的题目。只有那个瘸男孩和一些穿白衣的朝鲜妇女还在使劲地喊着:"中国飞行机!中国飞行机!"

## 二十四

　　——"桔梗哟，桔梗哟，山野长满了白色的桔梗……"

　　他眼部的红肿渐渐消退，视力恢复得很快，只是看一样东西看久了，或是碰到强光时仍有灼痛感。眼下，他这个从坑道里爬进爬出的人，觉得自己住的地方是过于宽敞、明亮和奢侈了。每天大清早，金姑娘都要跪着用抹布把两间大炕擦拭得明亮如镜。

　　令谢以简最为兴奋的是：他至今才发现糊炕纸是一本近乎完整的书，大约是朝版我国明史的一部分，大部分是汉字，只有少数地方用朝文注解，这样，他能够不大费力地将它们读完，部分的内容如下：

　　……万历二十年夏，日本国关白丰臣秀吉分渠帅行长、清正等率大军逼釜山，潜渡临津江，占领平壤。……时朝鲜承平日久，兵不习战，国王眈弃王城平壤，北奔义州，王子、大臣被俘，八道尽陷，君臣益急，赴北京城求援使者络绎于途。明朝廷震动，令我军先锋急渡鸭绿江以援。初，游击史儒率师至平壤，战死。副总兵祖承训败绩，仅以身免。中朝震惊。……朝廷乃令李如松提督蓟、辽、保定、山东诸郡子弟克期东援。二十一年明军攻平壤。平壤城监坚固高峻，倭寇登陴拒守。如松以倭寇素轻朝鲜军，乃令副将祖承训诡为其装，潜伏西面。复令游击吴惟忠攻迤北牡丹峰。如松亲率大军直扑城东南，倭敌炮击如雨，明军少却，如松斩先退后者，以徇全军。募死士，如松亲率之援钩梯而上。时倭寇方轻西面朝鲜军，祖承训忽卸装露盔甲，倭人大惊，急分兵拒；如松督师登平壤城，入小西门，敌火器并发，烟焰蔽日，惟忠中炮伤胸，犹奋呼督战。如松马毙于炮，易马驰，再坠堑中，急跃而上，麾军奋进，将士无不一以当百，遂克平壤，斩首千二百有奇。

倭退守风月楼，夜半行长潜渡大同江南遁。明参将查大受于间道率精兵三千，复斩首三百六十，乃乘胜逐北。十九日如松遂复开城，所失各道并复，倭首清正据咸镜，亦畏慑南遁……

这肯定是金焕姬父亲的遗物，不少页已破损，字迹模糊，但依稀可见老人家的爱国心志。历史，这本抹不去、洗不尽的血写的大书，渗透着一个民族，甚至几个民族的痛苦与欢乐，它映照着它们的过去、现在与将来！

他终于重见光明，似乎方从噩梦中醒来，周围的世界显得益发多彩而可爱，也令他感到无比的亲切。清早，随金焕姬和邻家的姑娘们一道上山摘野菜，回到家中洗净腌制好后，她总是将大份给予谢以简，自己拣小份，二人对案而食，很像一家人。若是医院发了饼干、罐头和鱼肉之类，他就分一部分给她，她也决不白吃，总是盛许多泡白菜、腌桔梗之类作为交换，凡有邻家赠给她一些自制的米酒时，她总是转赠给他。这时，他不禁对着眼前这位身材窈窕、整洁而朴实的姑娘出神；那典型的鹅蛋脸型，少女独有的丰满的下颏，一对细长、眼睑清晰而明亮的眼睛……

她每天要负责青年联盟的工作，又要帮助接待志愿军的伤病员。所以，除了吃饭外，白天在家的时间不多，遇到本地什么重要的日子，盟员们会聚集到她家活动，与会的全是些姑娘，只有那个患过小儿麻痹症的瘸男孩，（其他的男盟员都参军去了）。她们开完会后，就唱歌、跳舞。跳的是流行的民间舞蹈，嘴里哼着曲调，上身和下身悠缓地摇摆、旋转，越舞越有劲。这时，瘸男孩会有节奏地拍打倒扣在水盆里的葫芦瓢，一面摇晃着脑袋，用男声应和着。谢以简已经听熟了这些乐曲，就从挎包里掏出新买的口琴，用清脆的琴声来伴奏或作着和声。这时，两间小屋内洋溢着歌声、瓢鼓声、口琴声和姑娘们迸发出的笑声，人们似乎已忘了眼前的战争、饥饿、伤病和时间。

这一日，金焕姬唱了一曲民歌《老王卖布谣》，这是一支流行在整个半岛上的古老的民谣，以简在汉城时听华侨唱过。

歌词大意是：

> 一个在朝鲜卖绸布的山东小伙，人们都叫他老王。他扛着洁白的山东绸布，跑遍了半岛南北，到处喊着"卖布哟，卖布哟！"姑娘们一听到他的喊声就像赶集市一样，都跑来迎接他，把他所有的绸布买个精光，她们喜欢他，爱听他的叫卖声，中间一个最美的姑娘爱上了他，愿意跟他浪迹天涯……

"卖布哟！……卖布哟……"她唱着，呼叫着，扬起飘曳的长发和洁白的裙裾。击瓢溅起的水花越来越多，满炕是高扬的翩翩旋舞的姑娘们。

"她莫不是歌谣里那个美妙而大胆的女孩？"他喉咙里打了一个嗝。

## 二十五

——"再见,金东母!"

后方医院的人都入寝很早,为了节约蜡头,他和金焕姬都是天一黑就躺下。淡淡的月光从镂空的窗棂射入,均匀地铺撒到空荡荡的大炕上,又透过敞着的拉门,照射到里间屋里。

时间还早,他辗转难以成眠,随意地哼起了一首他熟悉的朝鲜民谣——《阿里郎》,这是在二战役从平壤南下行军时学会的。当时,一个阿兹妈妮(朝语:大嫂)一边傍着一个装针线和旧布的筐箩干着活,一边跟他闲聊,从中他知道她的男人也在前方,但不知在何处。后来,她就哼起了这支思念游子的歌,歌词有好多段,她就一段又一段地唱下去。歌词长,曲调却是简短,一再反复,音调悠扬、婉转,他请求教给他唱一段,她答应了……

"阿里郎,阿里郎,阿拉里哟……阿里郎……"

他望着昏暗的纸天棚轻声地唱着,并不明白每句歌词的意思,只知道阿里郎是游子的名字。他从少年时,从有限的人生阅历中，从诗歌、小说中知道了游子，他同情他们，有些羡慕他们浪迹人世的生活。

"阿里郎，阿里郎，阿拉里哟……"

月光迷蒙中响起了一个女声的回响。

那歌声由轻向重，变得越来越清晰，充满了激情。声音铺撒到房屋的每个角落，每一个平面，他和她一起呼唤那个云游远方的游子的名字。

他唱完了一段时，听到里间传来明快然而清晰的赞扬声："乔嗦（好哇的意思，是亲和的用语，非敬语）！"

时近深夜，月色渐朦胧，他脑子里激荡着各种有名无名、清晰模糊的思想。又过了不知多长时间，一轮秋月已高高升起，不再直射着这个小屋，他不知不觉进入了梦乡。

他梦见树林间空地上搭着一个戏台，台前围满了志愿军指战员和穿白衣的朝鲜老百姓。所有的节目都按双方轮番演出安排，有歌有舞，有独唱与合唱。轮到金焕姬上台时，她邀请他合唱一曲：《老王卖布谣》。他穿起宽袖长裤的朝鲜男士服装，上身加一件彩色的绸坎肩，头戴一顶山东农民用麦秆编制的大草帽，他看着她的动作，用心配合，耍弄着花腔。合唱赢得了台下热烈的掌声和叫好声，他兴奋得迟迟不愿离开舞台。

聚会散了，他还站在台上，金姑娘上前招呼他：该回家了。他俩高兴地一齐走着，半路上下起了小雨，他想起了自己的草帽还留在后台上，就匆忙赶回去找，找了半天找不到，正急得要命,雨越下越大,他想找到大草帽给她遮雨。转过身一看,姑娘的手上正高举着那顶山东大草帽。

"你是用什么戏法把它变出来的?"他惊问。

她把草帽递给了他,他没有接,而是一下子抓住那一只柔软、温暖的小手。

"我把这顶帽子给你了。"她说,素手抖动着。

他惊醒了,里屋传来轻微而均匀的呼吸声,深邃的黑夜统治着屋子内外,渐渐地他也合上了双眼。

昏蒙中忽然走出又一柔弱女子。

"溧洁,洁!"他惊呼道。

"以简哥,久违了。"嗓音柔和,微带颤意。

"你好吗,寂寞吗?眼伤已经好了吗?……你们一直在战斗,在生死场上斗争,可是我什么忙也帮不上。"

"我已经好多了,可以看见周围的人了,我多么想能再看到你,溧洁。"

"我现在不就在你的眼前",她说着把袖子挽到肩头,露出一只渗白的、瘦骨嶙嶙的手臂,薄薄的皮肤像一层透明的薄膜。"我一定把你吓着了,可是你不用为我担心,我会好的。"

她病得那么沉重,还在安慰我,没有责备,没有嘲讽,而她一定什么都看得出来,这时,他不觉心疼得厉害。

他伸出双手想要搂住那熟悉的柔软的腰肢,她挣扎了一下,他再追上去,捉住了一角衣袖,衣袖撕裂了,留在他的手中，而那可爱的人影儿转瞬间已消失得无影无踪。

"漂洁！……我的洁！……"他大声呼喊。

没有回应，他睁大了双眼，周围一片黝黑，他听到里屋有人翻身的声音。

第二天早上，他找到他的主治医生，说自己已经痊愈，应该允许他归队了。

"你急什么？你的视力恢复得不错，可是要彻底痊愈，还需要静养一段时间。"

"我静不下来，大夫，我已经好了，求你，让我出院吧。"

医生没有动摇，他蓦然灵机一动，俯身在医生的耳边，说："大夫，我都能看见你耳朵里的茸毛了。"

医生耳朵里确实有几根黑毛，他老想剪掉它，因为军医院事务繁忙，一直没有动它。他不知是计，还以为他真看见了，呵呵地笑了起来。

"好啦，好啦，我祝贺你。……后天早上正好有你们师的一辆卡车，要带药品回前方去，为了避免空袭，你准备好，一清早出发。出院证我给你办，再给你捎些吃的、点的药带回去，每天按时服用。"

第二天晚饭，赶上周末医院改善伙食，他说明了自己停伙的原因，又头一遭多要了一份好菜，拿回来给那个姑娘一份。

"今天是什么日子？"她惊奇地问道。

"没什么，是周末。"

"是吗?"她犹豫地问道。

一会儿,她从邻居家端来一大钵米酒,递给了谢以简。他表示感谢,按照朝鲜男子的习惯,捧钵独饮起来。不多工夫,他已饮完大半钵酒,米酒在胃内翻腾,他有多少话想说出来,特别反复犹疑的是:要不要趁这机会向她告别一声。

"感谢哈姆尼达,纳(朝语:我)……"他举起饮尽了的酒钵,说了半句话。

"感谢哈姆尼达。"她回应道。

二人默默地吃着,她好像看出来他有心事。

饭吃完了,还是她打破了沉寂。她站立起来用筷子敲击起铜钵,示意谢以简照样动作。他真地敲了起来,金属声很悦耳,金焕姬配合着敲击声举袂在房中的空地上旋舞起来,一面唱起了他喜爱的那首朝鲜民歌,中文大意如下:

> 道拉几,道拉基,道拉啊几哟!
> 白色的道拉几长遍山野,
> 只要你挖几下,
> 就能装满一筐。
> 哎哟哎咳哟,哎哟哎咳哟,哎咳……哟!
> 它这么美丽,这么可爱,
> 一挖就是一大筐哟……

她摇晃着身体,一只手高高举起,像是举着那盛满野菜的筐子，另一只手臂自由地摆动，节奏越来越快。他敲钵的力量也越来越大，这么一来，他更兴奋起来了，忘却了方才苦恼他的问题。

跳完了舞，她迅速地收拾两个几案和上面的碗筷，又把他的铝饭盒一并洗干净后交给他。

又是一个辗转难眠的夜，他思想了很久，最后决定明天一早将归队的事情告诉她，并感谢她一个月来无微不至的照顾，他还想了其他的事情。

第二天他从睡梦中醒来，想起要赶早车，赶紧到食堂打早饭去，此时天色方明，待他拿着饭盒回到屋里，那姑娘已起身不知去向。她一定是趁早去挖道拉几去了，她知道他最爱吃这种野菜，他需要多吃蔬菜。她还没有回来，他等不及她了，甚至不能简单向她道个别。

他的行装简单得不能再简单，病房的被具等都留下，把挎包往肩上一挎，正准备出门，忽然记起了一桩事情。

他放下挎包，掏出那块一次未用的白毛巾，上面印有"抗美援朝纪念"几个崭新的红字。他将毛巾叠好，用一张旧报纸垫上，置于里间的拉门旁。他最后一次细看了一下这整洁的房间，床柜上放着整齐的棉被，正面矮柜上斜倚的圆镜里映出一双瞪大了的男子眼睛，

"再见，金东母！"他嚅嚅了一声，"再见，我的病房！"他把拉门轻轻合上，走出了厨房。

他快步走到公路口，翻身爬上停着的嘎斯车车厢，车厢

前部背靠背已坐着几个归队的伤员。他站起身,扶着车厢板,望着薄雾弥漫的南山坡,她多半就在那向阳的山坡上。

一轮旭日从红霞朵朵中腾起,山谷中、村屋间普遍变得明亮起来,雾气不知不觉地退下去了,车上又上来几个友团归队的干部,纷纷把背包放下,各坐到自己的背包上。

卡车的马达响了,他仍旧扶着车厢板站立,向南眺望着。突然他发现南山坡上的姑娘中,有一个站立了起来,正向汽车这边眺望,那是她。

他使劲地挥动着双手,然后,不顾一切地喊了一声:"安尼昂希卡塞哟(朝语:再见)!"

"安尼昂希卡塞哟!金东母!"他又喊叫道。

卡车晃晃悠悠地驱动起来,车上的人惊奇地看着他,不知他是在向这晨曦普照的山村告别,还是在招呼什么人。

## 二十六

——"在石桥头那边我听到了你的喊声。"

谢以简回到了金岘洞南山观察所,又看到了秃黄的群峰和西南角上泛着白光的临津江水。还是那个洞子,还是那些年轻人,但又调回侦察排去两个人,只剩下四个人了,人少,东西也少了,洞子里显得宽松。他把挎包仍旧挂在他经常使用的那个松节上。再回到洞子外面,发现这儿既熟悉又陌生,交通壕变宽了,他受伤那次被炮弹击毁的一段胸墙,被空弹箱和沙包垒复原了。山顶上的空气如此新鲜,清风徐来,他仿佛刚从一个多月的大梦中醒来,那些朦胧的、温馨的、引人入胜的逸事都变成了泡沫,不时呼啸而过的重炮弹告诉他:眼前他所面对的这个世界才是最真实的、现实的。由于重见光明,他感觉到生命的激流在他身体内部沸腾,他喜欢这熟悉又陌生,充满危险的世界,他又一次清楚地体会到人生的意义。

他从剪形镜里清楚地看到122.9和155山后我们人的活动,这时是清晨,他们频繁地出入坑道,他们在忙碌什么?再往前就是134了，是这条山麓敌人盘踞的最后一座堡垒，那么我们什么时候拿下它？

午后，谢以简值班，坐在吊凳上手持望远镜向外观察，忽然，他发现有一群乌鸦飞落到了134的沿江一侧。

"和155一样，那陡崖下面可能有树林，那是个炮火的死角，一般咱们的炮弹很少落到那儿。"

掩蔽部门口一下子变暗了，一个人的身体堵在外面。那人弯下腰来，向掩蔽部内探头望着。

"股长。"

"小谢，看看，我给你带来了个新人。"说着把身体往侧面让了让，谢以简伸头向洞外看。

"杨庆祥？"他惊呼道。

"谢翻译，你好。"他有些羞涩地说，手里捧着刚摘下的挎包。

"回来了好，老杨。"谢以简稍稍犹豫，随即伸出右手，"欢迎你。"

任股长说，他从侦察排把老杨带来，还有事要下山去，这指的是到司令部去。谢以简随他走过山头，来到山后的小路上。

"杨庆祥回来了，我原先也这么猜想过，但是没有把握。既然归队了，就是我们的人。他离开前线有一阵了，我看你这边人少，就让他先在你这儿做点事情，关于他的处分，支部还要研究一下，然后再上报。他在这里，除了观察任务外，要做一次认真的思想检查，他要找你写什么的话，你就帮帮他，总之，还是要他自己先反省好。"

回到休息洞，看见杨庆祥的背包已放在土台上，他原先的东西一直保存在排里，没有人动它。他还是很整齐，军服的袖子、裤子的膝盖处都破了，加了补丁，但洗得很洁净。一开始杨庆祥就到观察所来过，那次是刚从军医院归队。是美国细菌战造的孽，他得的是回归热，一种传染性热病，烧起来可以把人烧得人事不知，或者简直要把脑子烧炸，谢以简也染过这种病，所以他特别同情他。又发现这个老兵为人随和，特别健谈，东南西北，走过的地方多，见多识广，可以和任何人海聊一番。而且他能看简单的书、报，斗大的字，认得几箩筐，只是拿笔写字不行，写信就求小覃或是以简。他是个老侦察兵了，又是班长，在他逃跑之前，谢以简曾听股长几次悄悄谈过，有意提升他为副排长，协调一下那个嘴笨、脾气犟的獾子排长。任股长、梁参谋和司令部的人也说过：打完临津江这一仗就提，不料却发生了八月份的事。

"还记得那天半夜里你追我到小河边的事吗？"

谢以简点了点头。

"你知道我在找你？"

"我当时就在石桥头，听到了你的喊声，总有两三声。"

"岂止两三声，我叫着你的名字，嗓子都喊哑了。"

"我当时正在犹豫，是一个人回排里来，还是往后跑。听到你的喊声，我一下子愣住了。我听出是你的声音。我就像个木头人似的站在那儿,听那声音像在拽我的魂,它围着我转,桥上满是往前方去的新兵,正是我要去接的……"

"你没有诚心去接兵……"

"我到了接兵点,犹豫了半天,天黑了,一个人慢慢往回走,这时候挤在人群里,我又听到你叫'杨庆祥——'好像是抽我的筋,我忽然间害怕起来,转身退出了人群,一步步向北走,最后干脆跑起来……

"跑啊,跑啊,我想,看看我的媳妇和儿子去,他们准定也在惦记我。那么就跑吧,过了这个村,没了这家店,要跑,就跑远点去。

"早在那之前,谢翻译,我的头蒙了,我什么人的话都听不进去,我也看不见什么人……我就这么一直跑呀跑的,公路上连个鬼都没有……"

"我喊你喊了有半个点,一直到新兵都差不多走完了,我才过的石桥,一直找到那个空荡荡的接新兵的村子。天亮时我还沿公路往北撵了一段路,真是一个人影都没有。我明白:他跑了,不会回来了,我这才赶紧往回赶。我一路上想:一个老兵,在四战役、五战役那样困难的条件下都没有动摇。那时候,夜晚行军,你看看吧,时常有一队队手拉手或是用长杆子牵着的人群,那是些夜盲眼且饿极了的人。因为长期没有菜吃,甚至粮食也极度缺乏,只好找老百姓借粮,可是在那兵荒马乱的三八线上,大山里哪儿去找老百姓?老百姓也一样遇到了困难。你看看我们战士穿的棉袄,大窟窿套小窟窿，满是弹洞和破绽，没有一块好的地方，甚至也找不到一块破布和针线来补补。这样的环境，你过来了。

"随后是鬼子的细菌战，你染上了回归热，柱子和我也染上了病。老杨，你挺过来了，归队了，我们看见你是多么高兴啊。

"可是，今年夏天的细菌战、毒气战、地雷战、坑道战、大水搅到了一起，排里特别是你们班里减员减得厉害，你沉不住气了，一个老战士动摇了……对吗？"

"是啊，我那就像是中了邪，什么人的话都听不进，我避开排里的人，就是一个心思：回家去，回家去，什么都有了！"

"回到肇州家了吗？"

"到家了，一路上费了不少力，可我是志愿军，至少披着人民志愿军的皮，到处兵站都能混饭吃，为我放行，几乎没有人找我的麻烦，我是乘军用火车过的鸭绿江……我见到了爹、娘、媳妇和儿子铁弹，儿子现在还只会叫娘，不认识我这个爹。"

"他们没有问你为什么……"

"没有，没人问我这些，他们只问我在朝鲜的生活，打仗，打死了敌人没有？他们都知道我是侦察兵，总要我给他们讲战斗故事，村里的小学开大会，还要请我去做报告。我到了没敢去，我的人都丢够了，我想还是少出去露脸吧，就装病在家养病，这么好歹待了几天。这样待到第九天，再也待不下去了，虽说人在肇州乡里，心早回到了前线的坑道里，飞到了每晚上巡逻的开阔地，老是想到柱子、赵会和獾子排长，想到排里的同志们，也想任股长、梁参谋和你。媳妇说：你是怎么啦，回到家里，总像是掉了魂似的。我说：我是请假回来的，人都见到了，这就好了，我前方还有任务，得赶回部队去。最后，悄悄地与爹、娘、媳妇和儿子聚了一聚，第十天大清早，就背上大挎包回来了。我对自己说，那样子下去就是没人整治我，我自己都会死的……"

老杨就这么第三次过了鸭绿江，早行夜宿，跋涉了半个多月，赶上兵站，就在兵站休息一宿，赶不上就在荒山野岭过夜，一半是步行，一半是搭乘东北支前老乡的马车，到底回到了侦察排。

谢以简暗暗佩服股长的眼力，他始终没有将杨庆祥报告为逃亡，更不用说临阵逃跑了。他算得上了解自己的每一个兵。谢以简也尽量不提过去的事，甚至不提要他反省的事，碰到杨庆祥主动跟他交谈问题时，他才和他拉扯几句，他相信：组织会正确处理他的问题。

九月下旬，第二届中国人民赴朝慰问团的一个分团来到团部，分团副团长是谢以简参军时的政治部王主任。一号来电话问他想不想见见王主任，他现在就在他的洞子里。

"我跟他谈了一点你的情况，他说他还记得你。"

谢以简早早吃完晚饭，趁分团的人正休息时，就赶到山后去见王主任。

一号的洞子里人声鼎沸,王主任穿一身藏青色中山装,显得格外精神。他在洞外高喊"报告!"王主任一眼便认出了他,把他拉到床沿上相邻坐下。

"还记得我们团五〇年初到达湖南衡阳的事吗?我们从南宁一直斜跨整个广西省,在象县还打了一仗,然后走到衡阳,部队在那儿等火车北上。记得吗,那一天吃过晚饭,我和你谈了大半夜,我们谈人民解放军,谈国民党中央军和地方派系,谈蒋介石,还扯到苏联、斯大林,听你谈话,我知道你看过一些书刊报纸,你很关心时事,这是个好事。你走后我对季杰说:'这个小伙子很有头脑,有胆识,虽然有些见解片面,也不够深刻,但那是因为还没有完整地接触到马列主义嘛。不应该再让他留在宣传队了。'因此,一上火车就让你坐到了政治处的车厢里,还记得吗?"

"我忘不了。"

"后来到了目的地,我就让你一个人去二营当兵,当了三月兵,下面反映不错,等你回到政治处,我就奉命下南方地方工作了。"

"这事我可不知道,首长。"

"不知道也好嘛。"他笑着说。

"入团了吗?"

"加入了,是在第一次云山战役入的团。"

"嗯,要注意政治上的不断进步,这是一个干部的大局;要学习,从书本上,也从现实生活中学习……噢,你还年轻,最好有机会上学校去学习学习。"

谢以简诺诺,实际并未完全理解老首长的深意。

第二天提前开完早饭,他领着王主任和分团团员们一道上山,到观察所参观"战场"。有一个成员是个大胖了,曲艺团的名演员,一走进狭窄的交通壕就蹭了一身土,在露天观察口用炮兵剪形镜观看敌我阵地,啧啧称道这"瞭望台"和"千里眼",嘴里随意哼唱道:

我坐在城楼观山景,
耳听得城外乱纷纷,
旗帜招展空幡影,
却原来是司马发来的兵……

他这一唱,惹得团员们呵呵大笑,情绪激昂。有人问:"江对岸山上明摆着敌人的坦克,为什么不用大炮把它干掉?"

有人问:"为什么敌人现在还不打炮,是不是怕吓着了我们慰问团的老少爷儿们?"

谢以简说:"一般情况,敌人打炮是有规律的,他也不是乱来的。至于我们为什么不打击暴露的目标,是时候未到。"

这话把不少人说乐了,团员们接着参观观察所的坑道。休息室洞顶用防雨布支撑着,积累的滴水将布篷中心涨起了个大鼓肚。原木立柱枝丫上挂着武器、挎包和潮湿的衣服。

胖子团员指着约二米见方的土炕说:"这么点地方能睡下

1952年10月祖国人民第二届赴朝慰问团来我军,图为慰问团向我军首长献旗

(选自《抗美援朝纪念册》)

五六个人？——你们是摞起来睡？"

"还不至于，"谢以简道，"几个人里总有一个到两个值班的，不能睡；真正躺下的就那么几个人。都睡下的时候，是拥挤了点儿，但是坑道里很凉，就是夏天，也要盖棉被，所以挤一点，大伙倒乐意。"

"要是在前沿阵地，恐怕比这儿还要挤哩。"王主任说。

大家又沿着交通壕向前走去，看看壕壁两边的猫耳洞，防空哨掩体和西面的7.62野炮射击平台。以简对王主任说："首长，敌人马上要打早饭炮了，请领导同志先下山休息。"

团员们依依不舍地离开了观察所，刚回到山下洞口上，敌人的炮击便开始了。

司政处分发慰问品，每人一袋，袋内有一枚印有浅浮雕和平鸽的纪念章，一个带有"给最可爱的人"的搪瓷茶缸，一个木烟斗或其他各不相同的物品，如：鞋垫、手帕、糖果等。此外，每个布袋中还附有一封由国内人民写的慰问信，以简从司政处领回了慰问袋。一数少了一份，他赶紧抱着原物找到了山下的指导员。

指导员告诉他，没有杨庆祥那一份，对他的处分还在研究中。

"杨庆祥已经主动归队了，他还是侦察员，一个人一份，怎么能不给他？再说，他的处分不是还没有决定吗？"

指导员犹豫了半晌，最终答应再加给他一份，还缺的话，他跟上面去商量。

黄昏时刻，谢以简和杨庆祥来到侦察排坑道，地上铺着几大块雨布，上面排列着崭亮的刚刚领回来的武器、弹药。杨庆祥坐在旁边一个空弹箱上，一手搂着那挺轻机枪，一边读着刚收到的、山东汶上县一个小学生写的慰问信。

獾子走过来，像阅兵官一样巡视了一圈，得意地说道：

"看看这些好家伙，够美国鬼子受用的了。"

"够装备一个连了。"杨庆祥接过话茬，一面将信纸整齐地叠好，放入上衣口袋内。

"还有大头在后面哩。"獾子乜斜着两眼微笑着说道。

"什么东西，排长，说给我们听听。"杨庆祥道。

"现在还不是跟你们说的时候，到时候大伙儿都会知道的。"

"卖什么关子？说给我们听听。"

"不到时候。"獾子说完，转身走开。

任股长悄悄走了过来，在一边默立了一会儿，才对着回过头的柱子说："刚才一号来电话，叫我们马上派人到司令部领回一挺三零式重机关枪和几根爆破筒，以加强排的火力。"

"要打大仗了吧，要不给我们重机枪干什么？"柱子说。

"把我们当步兵排使了。"獾子插嘴道。

"我们本来就是步兵嘛，步兵侦察兵，既搞侦察，有时候也要冲锋陷阵……你和小覃现在趁天还没黑就走。"二股长对柱子说道。

"是。"

柱子系好垫肩，带上两个大布袋，刚要迈步出洞，听见山雀还在断续地鸣叫，忽然若有所悟，又跑回去摘下了雀笼，放在怀中。

"要打大仗了，小覃，我想现在就把它放回后山去。"

"这么快？"

"说不定明天就有任务。"

二人来到坑口的平台上，此时夕阳已隐身于西边群壑之中，山谷中暮色葱茏，天德山方向敌人八英寸炮零星地发出沉闷的射击声。

"飞吧，小家伙。"柱子打开了门闩。

小鸟在笼中转来转去，不断平衡着身躯，只是不往门外走。

"把笼子往地上磕磕。"小覃说。

柱子把雀笼往石崖上轻撞，小鸟果然蹦了出来，它犹疑了一下，一展翅向着昏暗的夜空中飞去。

"飞吧，远远地飞吧。"柱子望着暮色出神。过了一会儿，才开始向山上的交通壕走去。

突然，一发空炸弹在他们头顶爆炸，碎片尖叫着飞向四面。柱子弯下腰猛回头，只见冥色中那个木笼还隐隐歪倒在地上。再定眼一看，有一个黑色的小东西在笼子旁边跳动。

他一下子心动了，连跑带颠地冲了回去，在炮声中将那鸟儿轻轻托起。

"交交交交、交交交交……"他兴奋地一边打着口哨，一边把山雀稳稳地放回笼中,关上栅门。

"它不想走,我们的缘分还没有完。"

他把笼子又挂回洞室里的桁木上,然后和覃文富一道快步走出坑道,拐了一个弯,隐入蜿蜒的去团部的交通壕中。

## 二十七

——侦察兵满饮清冽的临津江水。

一九五二年夏秋,朝鲜停战谈判除战俘问题外,其余都已达成协议。战俘问题由于美方蓄意违反《日内瓦公约》规定:在战争结束后应全部释放敌方战俘,而欲强行扣留朝中大量战俘,致使谈判长期陷入僵局。至九月下旬,美方代表团由每次到会提议休会三天,变为每次到会提议休会一周;并宣称:如果他们认为必要,将随时在全体会议上宣布无限期休会。

在名义上休会的背后,"联合国军"除加强空中的"绞杀战"与实施细菌战外,其司令官克拉克要求地面部队发动必要的进攻,以"消灭在数量上占优势并有良好坑道防御的志愿军",以迫使志愿军与人民军战线北移,达到其无理政治要求。与此相关联,我临津江前线与后方受到了更为猛烈的轰炸与炮击,其坦克亦经常出现在134前的开阔地上。

九月末的一天,一号来到团观察所,召集侦察股全体干部与朱排长开了个小型会议,亲自布置侦察排于近日内对134

高地及其附近地形、道路、敷雷区及高地上敌火力配置做一次再侦察，特别要尽力发现敌雷区与非雷区的准确位置。

"看来马上要攻打134了。"任股长会后对大家说。134现在是我团正面敌人唯一的防御据点，占领了它，团就直接进入到临津江畔，这将对西江市西南山及对岸敌主阵地形成重大威胁，为我军或友军继续前进开辟有力的道路。谢以简已经听说，全军可能不久就要换防，撤至平壤地区休整。毫无疑问，军部希望我团用这一胜利作为交予友军的最好换防礼物。

"这一回，我们又走到了大部队的前面，我们要先饮临津江的水！"任股长说。

一号对这次侦察提出了详细具体的要求、包括时间及人员的安排。这是一次深入敌后的武装侦察，距离我军前哨很远，道路情况复杂，加上敌人失陷155后，大力加强了134山头的兵力、火力，增多了夜间至山下的巡逻。研究决定：派一支精干的小分队，在午夜过后出发，减少与敌巡逻队遭遇的机会。万一发生了碰撞，有伤亡，应派人即时将伤亡人员撤下，其余人继续进行战斗侦察，务必如期完成主要的侦察任务。为了保证小分队撤退的安全，团属炮兵与高射机枪奉命及时压制敌前沿火力，分散敌人的注意力。

股长决定：这次任务由侦察二班担负，獾子和柱子带队。话音刚落，谢以简提出：自己离队已有一两个月了，应该为队里做点事情，请求允许参加这次重要的活动。股长点了点头，转问獾子："你看怎么样？"

獾子见股长都没有异议，自己乐得做个好人，连忙说："我同意谢翻译参加，上一次我们去开阔地抓舌头，他就做了不少事，他这回去，我赞成。"

深夜，天空晴朗，空中浮游着一些薄絮般的云片，这预示着明天将是个大晴天。十几个黑影悄悄离开了二营的前哨阵地，在前面引路的是二班长石柱子，副班长赵会，排长殿后，谢以简紧靠着排长。和上次一样，排长没有交代谢以简什么具体任务，主要是伴随着赵会的火力组活动。他明白自己的首要任务是保护好自己。其次才是看情况，帮助战友做一点事。不管怎样，他也有一支冲锋枪，几个手榴弹，说不定什么时候能派上用场呢。

队伍悄声地行进着，因为出发晚，选的是去134山脚的捷径。他不时能听到赵会的喷鼻声，有时顺风能嗅出他嘴里嚼的野蒿香味。

谢以简正望着前面的赵会背影，"啪！"的一个小土块落到他面前，獾子排长上前拉了他一把，二人一同扑倒地下。原来这是柱子要后面的人停一停，看看周围的情况再动作。

黑暗的小溪发出汩汩的响声，草丛中有一只孤独的秋虫在鸣叫，他瞪大了双眼向前望去，只见一个泛着白色，横卧的石碑似的东西矗立在高坎上。再慢慢爬近，才发现这就是上次打遭遇战，抓美国鬼子的石头房子，它今夜显得特别苍白、静穆，青得瘆人。

过了一会儿，又一粒土块投过来，落到枯枝上发出咔嚓一声，队伍应声站起，重又一个跟一个地向黑暗深处走去。

秋天的后半夜很凉，侦察员们今天穿起新发的黄棉袄，很暖和；头上戴的是单帽，下身穿的是单裤，大家不愿这么早就把棉裤套上。宁可下身挨冻，生怕影响身体的活动。獾子摘下帽子，像扇子似的扇了扇头部，然后，像只老猫一下蹿到队伍的前面，说了几句话，又回到自己原来的位置上。

队伍顺利地穿过满是卵石、沙土和草丛的开阔地，来到一个山麓上。黑暗中这山显得异常高峻、宽厚，峰线隐现于闪烁的星光背景上。出现一道、两道圈形的铁丝网，借着刚升起的一颗照明弹亮光，可以看到山半腰还有一道立柱式的铁丝网。侦察兵们机警地趁着照明弹冲起尚未照亮时，选择好地形隐蔽或是全身匍匐在地。

照明弹在半空中闪亮着，飘移着，把山腰上和山下的地形、通路照得一清二白。

一个照明弹熄灭了，另一个即将升起。这时，传来口令：
"到134了，成单行，行动，保持距离！"

这就是134，他天天看、夜夜看的秃黄的小山头，走到跟前，还真正是一座山，一座带有好些山爪的高地！

这里正是敌人的雷区，队伍沿敌人践踏的小路后撤，一直撤到峥嵘、残缺的西江市废墟。在这些破房子里稍事休息，继续绕行到134南面靠近临津江的一面。他们惊奇地发现：南山崖下竟是个世外桃源，长满了一簇簇灌木和挺拔的乔木，

树头上枯枝发出窸窣的响声,可能有夜鸟或松鼠在爬行。獾子传令全队停止前进,当回到谢以简身旁时,小声说道:

"看见没有,这是一个屯兵的好地点,是敌军与我军炮火射击的死角。"

果然,沿山脚下往前走不远,就发现崖下有几个三面是围墙,一面敞开的坦克掩体,旁边有几辆影影绰绰的坦克停在那儿。

"嗖"地一发照明弹从山腰上腾地而起,大家立即原地趴下,借着亮光看出这些炮管低垂的钢铁家伙原来是些破坦克,履带一半坠落在地上。

在熹微的星光下,我们看到一队黑影静静地蜿蜒登上山去。这儿灌木丛多,没有铁丝网,只有一条陡峭的小路通往山上。几个黑影渐渐爬上山崖,崖上树丛中有手电光晃动了几下,显然这是敌人的一支夜间巡逻小队,正返回它的老巢。过了一会儿,黑暗中传来外国话的声音,獾子反身拍了拍谢以简的脑袋,谢明白排长的用意:要他去听听美国佬在讲些什么。他立即向上攀登了几步,趴在地下静静听了一阵。他听出敌人在洞子里打电话声,声音急促,嗡嗡地还夹带着嘟嘟的电器声,他什么也听不明白,但是使他心跳不止的是:小路上面就是敌人的指挥所!他小心地退下山来,一边用探雷的荆条枝仔细试图触到敌人连接地雷的铜丝线,他没有碰到绊雷丝线,却拨弄到一组组连接山上山下的电话线,这一来更证明了他刚才的判断。

下山之后,他立即把自己的发现告诉了排长和赵会。獾子轻轻掐了一下他的脸蛋,这是一种奖励的表示,又指着山路上一棵大树旁的青石说:"记住,这是个上山的路标。"

已经深入到计划中的敌后目的地了,獾子和几个战士隐蔽在灌木丛中,躲过不时腾起的照明弹和抽风般射出的曳光弹流。柱子带着小覃转移至第一辆坦克后,似乎想看看能否有什么新的发现。赵会注意到柱子的动作,轻轻吹了个口哨,像一匹猎豹,警惕地跃向第二辆坦克,谢以简紧紧跟随他的身后。这时,黑森森的峡谷中传来呜呜的流水声,声音有些凄凉,时轻时重,充斥在整个空间,他想起:已经到达临津江畔了。

"临津江,临津江,朝鲜人民的母亲河,我终于又来到了你身边。"

他记起了一九五〇年除夕之夜、头一次经过临津江的情形:头一天还是寒冷的急流,到了即将突破时江面骤然冻成了冰面。他当时正随着尖刀连五连行动。号声响起,尖刀连各排按纵队队形小心地越过薄脆的江心水面。

"跟上!跟上!"

雪光反射的江面到处是陷阱般的弹坑,水从洞中向外涌出。平射炮和重机枪在头顶飞鸣,敌人崖岸上一片火光,炮声分不出点来,敌人无法在水中布雷,各个排突进速度越来越快,纵队变成了横队,像万箭齐发冲向炮火撕开的突破口,他随队抢上豁口,在斜坡上发现一具我们战士和一具穿白衣

1950年除夕,我军从多个渡口突破临津江防线
(选自《抗美援朝纪念册》)

的朝鲜向导的尸体。他们上面是一个被击毁的暗堡,像开了天窗,坡道上满是碎石、土块、发热的炮弹碎片,军号嘶鸣,突击队的红旗已在江南岸飘扬……

獾子排长现在想让队伍休憩一下,于是将人员分散在三辆坦克的阴影里,呈犄角之势。他在赵会的身旁,眼睛盯着前面的两个人影,感到身上阵阵发热,就摘下帽子擦了擦满头的汗水,又解开了棉衣衣襟。

江水依旧如泣如诉地响着,仿佛在讲说一个永远讲不完的故事,他想起平时自己就懒得洗衣服,在后方医院里都是金姑娘帮他洗的,他从窗棂间就能望见她在泉水边石板上捶打衣服的样子。洗完了她会把衣服晾干,最后神不知鬼不觉地把衣服叠好,放在他的枕头下。

"她是临津江的女儿!"他想起了这句很有意思的话,"她对每个志愿军的休养员都好。"自从他视力恢复之后,他喜欢躺在火炕上,透过敞开的拉门看她梳头的样子,手把着缕缕的长发,另一只手用木梳顺势梳下,那长发就像这静夜中的流水……

我怎么就没有稍早一点向她告别,哪怕透露一点要分手的意思,我没有。我放在她门口的毛巾她收到了吗?……我的眼睛亮了,耳朵的听力也恢复了,我又成了原先的我,现在我能够听到临津江的低吟声……

一梭子高射机枪弹从对岸山上射过他们的头顶，几乎同时，一柱强烈的探照灯光柱横扫过山谷，最后停留在134的山坡上。看不见的江水继续呜咽着，膨胀着，它无所不在，像一只听得见声音而不见形体的巨兽，正扭动着宽大的身躯，奔向黑暗的南方深处，他陡然间生出一种强烈的想法：要去触摸它一下。

头顶的探照灯光柱熄灭了，机枪射击也停止了，四周恢复了平静。他看见柱子和小覃脱去了棉袄，直奔斜坡下江边跑去。

谢以简跟赵会小声说了句："我也到下面去看看。"就迅速向着幽暗的坡下奔去。抬起头，他看见江对岸有汽车的前灯在闪烁，对面山腰上有手电光在来回晃动。他变得兴奋起来，以往从剪形镜中就注视过这个交通路口，白天，时常闪出交通哨的身影。当车队通过时，他通知过炮指（即炮兵指挥所），请求袭击那些车队，获得过可观的战果。现在敌人已尝到了我们炮火的滋味，他们也学狡猾了，车队改在半夜驶向前线。

对岸车队的灯光映照着临津江粼粼的水波，他借着这闪动的灯光，跑到河下，迎着阵阵不息的冲浪，伏下身躯，摘去了军帽，把整个头浸入冰凉的江水中，让水浪拍击着他的脸颊，凉水从颈部流淌到他发热的胸腔。他低下头去，深深地汲了一口寒冷、微甜而带有火硝味的江水，他伸手浸泡在江水中，摸到了浅底的卵石和河蚌的空壳，水如此清澈，他便把头更深地埋入涌动的水中,再次满饮了一口临津江水。

照明弹再次升起,他一动不动地趴在白花花的江滩上,依靠照明弹骤然发出强光的一刹那,他看见右侧江边柱子的半截身影倏地消失在浑朦的江水中,接着"扑"的一声,又有一个身影消失在江心中。这肯定是小覃,邕江边长大的水鸭子。

灯光都已消失,黑暗笼罩着临津江峡谷,他继续玩弄着浪花,一面谛听着右前方泼水的声音。他相信水是那个广西佬的亲娘,他一入水就像孩子投入母亲的怀抱,至于那个京西来的山里伢,他就没有多少把握了。

他听柱子讲过小时候的一件事:

"那一回,我差点儿在清水河水里淹死。……是十四岁时,爷爷宰了一头猪,要我背一角肉送给清水河对岸的姑姑家。清水河是永定河的一条支流,像我国北方的一般河流一样,平时水势平稳、驯服,浅水处可以挽起裤脚蹚过去,但是夏天大水一来,漫山都是汹涌的黄水,水性再好的人也让它冲跑了。这天水势平缓,他是水边长大的人,识得些水性,顺利地涉过了江心急流,把肉送到了山上的姑姑家,在姑姑家留住了一晚上,第二天一早姑姑就劝他早点打转,因为这几天雨下个不停,说不准什么时候,大水一到,河路就断了。他不大在意,玩到晌午才背上姑姑家给的一大袋核桃下山去。到山坡上一看,岸边完全变了样,黄澄澄的大水淹没了整个河滩,小河一下子变了七八里宽的大河,江心中漂浮着鸡笼、猪食槽、房架子等乱七八糟的杂物,他心里想:这河怕是过不去了,还是回姑姑家待几天,待水消一些再走也好。又一想:这背上还有姑姑给的大核桃,我再背回去?我跟爷爷学会枭水,河水虽然宽,河中心那股急流就能把我挡住?"

他横下一条心:回家去!脱下了上衣,把核桃袋一裹,就跳到了大水里。在河边,他游得还顺利,一只手托着那个袋子,一只手和两脚使劲蹬水,一会儿到了江心。这时,他像背后被人猛踢了一脚,一下子滚落到浑水中,手里的袋子也被冲跑了,他拼命挣扎,想要找准去向,还想找回那袋核桃,他知道核桃轻,不会沉底。但是,他看着那包裹像飞似的在水面上滑行,一眨眼就不见了;另一个浪打来,又把他打入水中,他喝了好几口黄水,知道现在自己已经无法过河,连性命也只能听天由命了。他干脆顺水冲下,时而向河这边挣扎一下。一直冲到下游很远的地方,才精疲力竭地爬上河岸,光着膀子回到山上姑姑家……

"从这一回起,我才知道水的厉害,你只能顺着它,不能跟它硬拧,硬拧不会有好结果。

"一九五〇年突破临津江之前,我和覃文富,还有另一个同志奉命侦察江水的深浅、水势,寻找可能徒涉路线。我们泅过了江心,又到敌人的南岸边摸索,找到了河底的浅水处。当我们高兴地往回游时,被岸上的敌人发现了,几挺机枪同时往水面扫射。我们举着冲锋枪往江心游,只能靠黑夜的保护。但是,那个同志还是被打中了,沉入到下游的江水里。

小覃说：救救他。江心的水流很急，我想起了清水河的经验，我说，不行，我们撑不上他的，我们还有任务在身，得赶快游到对岸去。敌人还在向下猛烈地扫射着，我们俩迅速登上岸，回到了排里。"

一颗照明弹渐渐燃尽，熄灭了，空中飘浮着一个白色的荧光点。两个人影几乎同时走回第一辆坦克的黑影里，谢以简赶了过去。柱子和小覃冻得直发抖，一面把内衣拧干，又穿回身上，再迅速披上棉袄。

"有好事……"柱子激动地说，"我摸到河中间，发现河底不深，底上有硬东西，用脚蹬了蹬，是钢板，横条的钢板，一块接一块，不知道是什么东西，一直通到岸边？"

"它很长，那一头可能是通向江那边。"小覃插嘴道。

"坦克……桥！"谢以简悄悄惊呼道，"水下有坦克桥。要不敌人的坦克怎么会经常出现在江这边？"

他是在一本军事工程小册子和一本苏联小说里读到过它。现在，柱子和小覃发现了它；他还记得：一号曾经不止一次问过："他们的坦克怎么过江这边来的？"

三个人陆续跑回第三辆破坦克处，把他们最新的发现告诉了獾子排长。獾子喜出望外，真是额外的收获。他拉着谢以简到落地的坦克履带边，从一个梭子里取出三颗冲锋枪子弹，当着以简的面把它们埋到履带下面，再往上面培了些沙土。

"看见了？"他问道。

"看见了。"

离天亮已不到两个钟头,既然未被敌人发现,它们就仍旧走原路迅速穿过西江市废墟和开阔地,取道二营通往后方的交通壕,回到了侦察排。

坑道底部有一个蜡头燃着,任股长一个人在土台子上玩"通关"。

"回来了?"他抬头问道,"有什么发现?"

"有什么发现?……股长,一个大发现,"獾子笑道,"你去向一号汇报:我们发现了134山上敌人的指挥所,还找到了一条登上山去的小路,没有埋地雷;告诉你,今晚上我们还有一个意想不到的收获……"他讲到这突然不讲了。

"又卖什么关子,你们到江边了,蹚到了临津江水?"

"当然,"獾子道。

股长知道獾子是旱鸭子,只会蹲在江边拍拍水。他也知道,侦察兵外出侦察回来,总喜欢把事情说得很玄乎。明明只是碰上三四个鬼子,他们就说,跟鬼子一个班干上了,不信,他们还带着机枪呢?明明离敌人阵地还有十八丈远,他们就说:已经走到敌人的跟前,不信,我还看到鬼子的大胡碴子哩。

"獾子,我说你没有下水里?"

"咳,老股长,你说这话不对,我是没有下水,可是柱子、覃文富和谢翻译都下了水,不信,你摸摸他们里面的衣服,都湿透了。是他们蹚到江水中发现了敌人坦克过江的水下钢桥，你听柱子他们说说。"

"排长说得不错，是有一座隐蔽在江底的坦克桥。"柱子说。

股长正在惊愕中，獾子接着笑道：

"怕你不信，我当着翻译的面在第三辆坦克的破履带下面，并排地放了三颗冲锋枪子弹。还不信，你就找人去那儿核对一下！"

# 二十八

——"中国飞行机!"

一号对水下坦克桥的意外发现非常重视,他表扬了侦察兵的主动精神,把他们描述的方位和邻近的标志物——也就是那三辆破坦克和大青石都记述在他的笔记本上。

敌人加强了对我122.9和155的空袭和炮击,观察孔台子上大瓷碗的豆子倒了一茬又一茬,每一茬是五百粒,一上午倒换了三次,表明敌人至少向团的阵地发射了一千五百发炮弹。观察兵们还留意到:对岸山上公路北侧的伪装网延长了,掘壕机已渐渐靠近江岸,它每向前掘进一程,伪装网就延长了一段,一直到午夜前,都可以听到隆隆的马达声。这究竟是为了准备下一场攻坚战,还是为了加强134的防御?

我军在白天和夜晚的种种活动也频繁起来,加农炮和榴弹炮已进入金岘洞南山的山后隐蔽阵地;喀秋莎和坦克前进的道路已获得改善,并巧妙地施加了伪装;主峰右翼的野炮阵地上弹药运输不断,让敌人也统计一下,他们吃的大炮弹吧,所不同的是,我们储运这么多天的炮弹,将在数小时内全部交付敌人。

一号每天都上山来，一般是在晨雾退去，或黄昏时，这时，战场上的视界最开阔又清晰，在大晴天，群山就像刚出浴一般，一点遮掩都没有。而且再过一段时间，就是敌人开早饭炮的时刻，可以清楚地看到敌炮或坦克射击的闪光和过后留下的轻烟。

谢以简最近得到了一条小道消息：季团长已被提升为师的参谋长。每次他上山来时，他都想问他一个问题，两个人都闷在心里的问题："什么时候攻打134——临津江北岸敌人的最后一座堡垒？"

一天早晨，谢以简正坐在吊凳上用望远镜观察敌情，他的眼角瞥到一号不知何时已站在洞外。

"首长早啊。"他说。

一号低头走进掩蔽部内，顺手翻阅记事册，拿过原本是他专用的大望远镜，用它扫视了一下前沿阵地，然后把镜子交还给谢以简。

"我从陕北抗大调到八路军，"他说，"后来又从太行山调到苏北新四军，从宣传干事到连副指导员，到指导员、连长、营长、副团长、团长，算一算，在这个团已经有十来年了，这个团的每一个干部我差不多都能叫出名字，知道他们是什么时候来这个团的，什么时候提升到现在的职务，我知道每个人的优点和缺点，他们也知道我的优点和缺点。他们一般都把我看成一个严厉的、爱挑剔的领导，不那么好商量……

其实，我对下级是严肃的，一般不跟他们开玩笑，也不跟他们打扑克，他们有些怕我。但是掏心窝说，我并不完全是那样僵硬，举个例子，下面干部犯了再大的错误，除非是投敌叛变，或者贻误重大战机，我是坚决不赞成'杀'的。干部或战士犯了错误，我们得给他留一点余地……而且，关爱一个干部，不要等出了大问题，再去挽救他；重要的是平时就要留意他在政治和学习上的进步。"

"首长您是块夹心饼干，皮硬，心软。"

"你还怪会说笑话哩。"言语中流露出高声调的陕北口音，二人会心地笑了。

谢以简心上立刻又涌出第二个问题："首长，你大约什么时候离团赴任？"这句话哽在嗓子眼里好半天，到底没有吐出来。

明天就是国庆节了，观察兵们商量好在山后小路上修一个拱门庆贺国庆。山顶上光秃秃的，除了石头就是黄土，连个树桩都炸没了。但是山后还有些枯树残株，在山腰上用远处砍来的松树枝干，接扎在上面，建成了一个绿色的拱门。谢又简又向指导员要来一张大红纸剪成"欢庆国庆"四个字，挂在它的横楣上，大家把它称作凯旋门。前沿的人从这里下山去团部，团部的人要上山去前沿或观察所，都要经过拱门下，谁都免不了欣悦地抬头看看拱门上面的几个大字。

十月一日早晨，观察所四周像平日一样清净，前沿偶尔有一阵双方机枪互射，倒很像是贺节的鞭炮声，敌人每隔一分钟一次炮击就是响鞭中的大炮仗。

"叮叮叮叮……"传来电话铃声,

谢以简进入掩蔽部,拾起话筒,是一号说话声:"拿好听筒,不要挂,听到吗,不要挂上……你听!"

透过杂沓的电波声和人喧声,话筒内渐渐传出一个清脆悦耳的女播音员声:

"……代总参谋长聂荣臻乘敞篷汽车率领受阅的人民解放军部队已进入了广场……现在,受阅部队方阵开始行经宏伟的天安门前……"一片掌声,

"走在最前面的是人民解放军军事学院的队伍,他们都是久经考验的解放军中高级指挥员,参加过平型关战役、百团大战,接受过日军投降;他们参加过辽沈、平津和淮海三大战役,率领百万雄师越过长江天险,消灭了蒋家王朝,建立了中国人民的永久江山!……"

这不是说的我们一号吗,他要是按照计划去了南京,说不定现在就在受阅队列之内哩!他想。

接着是总高级步校、高级步校、步兵学校、战车学校、炮兵学校、高级工兵学校、海军学校、航空学校、伞兵、公安部队的受阅方阵。

"嚓、嚓、嚓、嚓……现在是步兵方阵正进入广场……"

观察所掩蔽部内挤满了人,鸦雀无声,只听见"嚓、嚓、嚓、嚓……"整齐如一的脚步声。

"这是我们战无不胜的步兵部队,他们英勇地攻城守地、

搴旗奋战，消灭前面一切敢于抵抗的敌人！……"

步兵方阵过去了，军乐声变为更轻快的旋律。

"我们的轻骑兵、摩托化步兵正快速通过检阅台……"

传来隆隆的马达声，一阵比一阵强，震撼着窄小的掩蔽部。

"我们的战车方阵和重炮方阵开过来了！其中有野、榴炮、加农炮、自动推进火炮和喀秋莎火箭炮，走在最后的是我国最新制造的多管火箭炮，炮兵是战争之神，欢迎这胜利的战争之神！"

话筒内传来热烈的掌声，随之是撕裂一切的尖啸声，一阵接着一阵，声音越来越近。

"飞行机！"谢以简自发地用朝鲜语大声喊道，"中国飞行机！"

掩蔽部内一片掌声、呼喊声和笑声。

"同志们，朋友们，这是我军刚刚组建的空军作战部队，包括新式的喷气式歼击机和轰炸机编队，其中有在朝鲜战场上功勋卓著的志愿军英雄飞行员！"

"呜——呜——呜——……"一阵阵狂风响过，旋即消逝。

"中国飞行机，真正的中国飞行机！"掩蔽部里的人们大声齐呼着。

女播音员兴奋地继续播讲道："看，飞行编队闪电般飞过天安门城楼，国家领导人和外国贵宾们纷纷向空中招手，这是一支新生的不可战胜的力量！是我们伟大祖国的钢铁卫士！……"

接着是盛大的群众游行队伍,以首都大学生仪仗队为先导的各界人民带着各种图表、模型和字标向伟大祖国汇报三年来的劳动成果,他们决心捍卫我国亿万人民来之不易的和平,坚定地支援中国人民志愿军的抗美援朝斗争!……"

"听到了吗?"

"听到了,首长,非常清楚,真令人激动。"

"好,现在庆祝仪式就要结束了。"

他挂上了电话,热血沸腾,走出欢闹的掩蔽部,胸中似有千万块垒想要吐出。

阳光刺眼,马良山峰顶漂浮着几朵白云,远眺群山,不一会已觉两眼发涩,他怕眼睛再出问题,就闭上双目,在交通壕内原地踱步,让心和眼压平静下来。

忽然,远处传来嗵嗵嗵嗵一连串朝鲜长鼓声,声音由远而近。但觉西江市上石板屋鳞次栉比,街道上的白色的人群摩肩接踵,村边谷场上有一群同样穿着白衣的青年男女正在跳舞,女孩的腿脚随着长鼓声高高抬起,白色的裙裾飞扬。开阔地的田野中散布着脚踏脱谷机的农民,她们双手将谷束来回翻转着;青年男子们用背架将一草包一草包满装的稻谷背回家去,安置在各家的屋檐下,谷包越堆越高,一直堆到紧贴棚顶处……

"今年本是个大丰收年啊,"他不禁兴奋地呼叫起来。

"嘭!"一颗坦克发射的空炸弹击碎了他的幻觉,那是一九五〇年冬初到临津江北岸所见到的景象……眼前仍是一片黄秃秃的群山,蜿蜒破损的战壕与交通壕,山凹中那些断树残桩,像耄耋老人的满口龋齿。

"嘭,嘭,嘭,嘭!"又是一个坦克齐射,目标正对着团观察所,他匆匆跑进掩蔽部,抓了四粒黄豆投进土台上的空碗内。

## 二十九

——总攻之前。

像每次大战前一样,指战员们都焦急地盼望着太阳早点儿落下,让黑夜——我们伟大的保护神快点儿降临。秋阳却像凝固了似的高悬在西方的彩云之上,仿佛要人们再仔细欣赏一番绚烂的黄昏秋色。除了前线对峙的阵地都是光秃秃的乏味的无名山外,夕照给金岘洞后山蒙上了一层迷蒙的青霭,山上的红叶、黄叶、绿叶和其他杂色的灌木变得楚楚动人。

寂静异常,敌人还没有打晚饭炮,一眼望去,我军的前线似乎没有什么人活动,然而谢以简仔细观察,就发现山后的加、榴炮已进入了阵地,炮兵们正在密林深处储运大量的炮弹,不时在交通壕内有几个电话兵正在检查通讯线路。他知道,所有的人,前方和后方,都在为一个目标忙碌着:晚六时开始对134高地实施总攻!

这必定是一场恶战。敌人自155陷落后,就积极准备坚守134——临津江西北岸最后的桥头堡,只要它守住了,就可以与西江市西南山阵地构成犄角之势,既可以攻,也可以守,保持对我马良山两侧阵地的威胁。134山头的兵力和工事经过一段时间努力,都已得到极大的加强。同样地,我们这方面也做了充分的进攻准备,一号的决心是:在134打一场歼灭战。我们的支援炮火已增加了数倍至十倍,照作战计划:在炮火准备中,敌134山上山下,包括环绕的布雷区,每平方米地面将散布三发重炮弹,再加三发迫击炮弹,就等于说:要把每平方米地面翻它六遍。155和二营主阵地的迫击炮和高射机枪将组成一道不可逾越的火力网,阻隔周围敌军的援兵。此外,重炮将使用破坏弹炸毁敌潜藏于临津江底的坦克桥,而我军一直积极求战的轻型坦克分队则将驶往开阔地,打击准备渡江的敌坦克群,并配合突击队攻坚战斗。这一次艰难的攻坚战任务交给了一九五〇年"临津江突破连"——二营五连。五连已临时组建为一个加强连,除原有的一个60炮排外,增配了81迫击炮、无坐力炮、火箭发射筒,另加重机枪四挺,为了破坏敌坚固工事,还加强了各种爆破力量。

  侦察排今晚的任务同样是艰巨的:他们将全员出动,以极快的速度利用薄暮的掩护接近敌人(这一点只有侦察排能做得到),然后,当我军的炮火准备一停止,立即从侧面发起对134的佯攻。当敌人将兵力、火力转向这一侧时,以155为冲锋出发地的五连将沿着山脊两侧猛攻敌防御正面。当敌人知道上当时,主攻部队将能突破其外围,展开对敌人核心防御的进攻。此时,敌人必然将重兵转向正面,侦察排将相机退出一线战斗,保存力量,等待指挥部命令向敌山后阵地发起第二次冲击。侦察排在战斗中的代号是"临津江"。

侦察排一向是行军时走在部队的最前面,打仗时游离在主战场的空隙里,这些兵个个都是机灵鬼,善于在敌人的鼻子底下,腰身背后转来转去,他们巧抓敌人的"舌头",自己却没有一个被敌人抓去;他们战死的不多,倒是让敌人的地雷、毒气和疾病夺去了一些人的生命。因此,一旦伤亡很重,队伍的心理压力就会异常沉重,再说要迅速补上原有的战斗力也谈何容易。

这一次,侦察排一身而兼二任,而这一仗将是一场硬仗,为什么要拿这支宝贵的小队去硬拼?他实在有些不明白。但他是军人,以服从命令为天职,侦察兵们都不问,他何必老去想为什么?

侦察排黎明时进入二营前哨阵地的一个大洞子里,潜伏了差不多整整一天。大洞子在一个山凹里,前面有一条加覆盖的弯道,所以敌人很难发现。下午,他悄悄地经由蜿蜒的交通壕跐进弯道里。高空中,有一架美国的老式侦察机在盘旋,忽而冲下来,向地面扫射一梭子机枪,然后又痉挛地怪叫着升上高空,以避免我阵地防空哨的狙击。

他是来给任股长和全排人送行的,事前,梁参谋也曾要求参加这次战斗,被股长制止了,说:"人都走了,总得留两个人看家,战斗时,主观察所不能没有人负责。"

梁参谋埋怨道:"股里有什么东西,就是一铁箱朝鲜的军用地图,几套朝鲜人穿的旧衣服,几个防毒面具。排里面有什么？就是几件换洗的衣服、饭盒子、打菜的脸盆……都是无产阶级，有什么稀罕东西还要个人来留守？"

股长说："不行，这一回不行，要上轮流上，下一回让给你上就是了。"

梁参谋不再与股长争论，他清楚地知道，任兴明在前两天已被提升为师的侦察科长，随时都要走马上任，他大概想："你要去就去这一回吧，下一回不是我上还会是你上？"

洞子很大，黑沉沉的，没有一点透亮的地方，谢以简嗅得出侦察兵身上发出的气味，但是看不见人，正用手扶壁向前摸着。

"坐下。"一个人小声道，伸手拉了他一把，他听出说话的是杨庆祥。他坐了下来，不留神正坐在那个人的身上。杨庆祥往边上挪了挪，让他重新坐下，坐在一个木质子弹箱上。原来这是个储存弹药的洞子，实弹的箱子都堆放成几堆，放在洞子中间。一些空箱围墙放了一圈，现在大家就坐在这些空箱子上，弹药箱是扁平的，很矮，每个人只好靠冰凉的石壁坐着，两腿向前伸直。

前晚上他侦察到午夜之后，今天又起了个大早，随着他与这大洞子里的黑暗融为一体，他感到十分困倦，之后他似乎听到了自己的鼾声。后来鼾声消失了，洞子里变得明亮起来。他睁大眼一看：靳溧洁正站立在他的身前，没有忧郁，没有病痛的样子。她走上前，握住他的手说：

"战斗就要开始了，以简哥，不要压抑，也不要惦记我，大炮一响，会把一切忧虑、恐惧、怀疑都打消得干干净净，像真正的战士一样，勇敢地去迎接战斗，这是你的战斗！"

"对，"他大声答应道，从子弹箱上坐正了，一只手感到微微发凉。

他想起来了，前天收到的家信中提到靳溧洁已在纽约医院中病故。

"在闭眼之前，她喘息得厉害，可是头脑仍然清醒，不断嘶哑地喃喃道：'我要回家，回汉口去！'她大姑父已把遗体埋葬在纽约市的一座华人公墓里……"

他似乎又听到了她声嘶力竭要回祖国去的喊声。

"她不会死！"她会永远活在我的心中，活在亲人心中，她将活在永恒之中……"

"她不会死！"他心里嘀咕道。

外面传来清脆的85高射炮的射击声，洞顶的暄土簌簌地落下。

杨庆祥此番回来之后，不像原先那样爱说话了，此刻他静静地坐在旁边，一声不吭。

"也许他还在考虑对他的处分？"

谢以简忽然想起平时和股长很少聊天，此刻极想和股长小声聊聊，他是这支决死队的队长，马上就要投入战斗了，可是股长坐在他的对面，中间还隔着一堆弹药箱。

头一个沉不住气的是獾子，他用打火机点燃了一支烟。凭着火机的火光，他瞥见獾子那有点浮肿、满是皱纹、像是苍老了许多的脸。

"外面的绿头苍蝇还在天上嗡嗡叫吗?"獾子大声问道。

"它还在高空盘旋,已经很长时间,可能快要飞回去了。"

又有人点燃了一支烟。

"给我也来一支。"很少抽烟的股长说。

现在黑洞里红星飞舞,有人抽自卷的纸烟,有人在吧嗒着烟斗,黑暗已不再是绝对的统治者。

任股长打破了沉寂:"獾子,你不是爱说笑话吗?给大家讲一个,怎么样?"

"好哇,我讲讲看。"他早已耐不住这寂寞了,他就是这个性子,什么都没有准备,什么又好像已准备好了。他讲了一件三战役中从平壤行军到沙里院路上的轶事:

"美国佬逃得很急,我们团为了争取时间,就让侦察排白天搜索前进,大部队黄昏出发,跟随我们的后面。队伍走得很快,一路上连一个朝鲜老乡的影子都没有,我们跑了两三天,米袋子里的米早已吃完了,只好饿着肚子撵美国佬。

"天黑之后,我们才开始宿营,一面将一路的道路,敌人情况回报给最先上来的部队。我们排是单独行动,排又分成几个组,彼此间行动保持一定的距离。

"当时,民房都被美国佬炸毁了,各组只好分散到四周能歇脚的地方过夜,像破屋、墙角或是洞子。那地方离沙里院不远,我和赵会找不到地方,就往地下找,终于找到了一个地洞。打开盖子,突然冲起一股醉人的香气。我们俩和柱子打招呼后，就跳进去了，想想这真是个安全去处。仔细一看，地洞里满是宝贝，堆满了红彤彤、圆鼓鼓的大苹果，原来这是个苹果窖。早就听说朝鲜苹果好吃，我们俩都饿急了，又不可能找到东家，就顺手抓了几个吃，吃饱就背靠苹果堆睡着了。

等到天窗上透亮，我们赶紧搭成人梯爬了出来。"

"不是吃几个，是撑着了吧，獾子。"

獾子没有答话。赵会出来回声道："尿，实在饿极了。"

"故事还没完哩，"獾子说道，"这一天我派了杨庆祥打前站，我和赵会跟进。我们横挎着冲锋枪眼观八方，走着走着肚子就疼起来，一阵比一阵厉害，到最后几乎疼得直不起腰来，两个人一副模样。大概是肚子空久了，一塞进许多冰凉的东西就发作起来，我们只好等全排人都走完了，又休息了好一会，肚疼缓和了，才去赶队伍。"

"獾子，你专能出洋相。"股长说完，四周立刻传出一阵大笑。

石柱子接着说起排里的另一件事。

"朝鲜中部的栗子也很好吃。"他说，"记得是在突破临津江以前，连里要我们准备干粮，可是找不到面粉，连大米也不多，只有带皮的谷子，要现打谷子已经来不及了。后来联络员朴东母给我们买了一大袋板栗来。这东西生吃熟吃都行，又好带，于是，记得吧，大概每个人都装了一米袋。从突破临津江开始，整整打了一夜仗，白天，又在釜谷里和掩护敌军撤退的英军二十九旅打了一仗。别的单位都有送饭的,而侦察排是单独活动,哪有人给送饭,饿了就抓几个板栗吃,可是生板栗好吃皮不好扒,就这么一袋栗子一直吃到汉城街里还没有吃完。"

"柱子说得不错,那时我饿极了,恨不得连皮一起嚼着吃掉。"

这个同志的一句话又把大家说乐了。

跟着人们就谈起汉城这个城市来,谢以简插嘴道:

"那里的农村很整齐,有点中国江南水乡的味道。而且汉城城乡住户的书比较多,我就在路上捡到一本朝英字典,靠了它我把在平壤缴获的一本美国军用袖珍本《圣经》读完了。这本《圣经》后来在四战役行军中丢了,直到前不久,在石头房子抓舌头时,我又捡到一本……"

"《圣经》是什么?"柱子问。

"一本宗教书,讲上帝怎样创造这个世界,又怎样派他的儿子耶稣挽救世人的故事。"

"上帝是什么?"一个侦察兵问。

"上帝就是神,最高的神。"谢以简答道。

"真有上帝吗?"任股长问道。

谢以简想说:"我看没有。"话还未说出,就被獾子抢答道:"有。我们老家有座天主教堂,教堂的本堂神父就是这么说的。"

"那你相信吗?"任股长追问道。

"我？……噢……我们那儿的老百姓是这么说的：你信他就有，你不信他就没有。"

"那你到底是信还是不信？"股长逼问道。

"我……我……信……也不信……"

"獾子，这是你的回答……呵呵……"任股长笑了，

"我们不相信神仙的事，所以我也不相信什么上帝，请问谁见过上帝？……没有，上帝只是个偶像，是人创造了上帝，不是上帝创造了人。"谢以简接过话茬儿说道。

"还是谢翻译有学问，说得清楚，獾子你就不脸红？"

獾子哼哼着不再搭话，洞子里复归于宁静，到处仍旧是晃动的点点火星和烟叶末加报纸混燃的气味。

# 三十

> ——"手握冲锋枪,腰插白刃剑;
> 沉着又勇敢,活捉敌军官。"
>
> (战士歌谣《侦察兵》)

任股长打着了火机,借着亮光走到谢以简身前,小声问道:

"记住我们的代号了吗?"

"记住了:临津江。"

"好,你回去对一号说:打响以后,万一战场情况有变,命令我们二次进攻时,无线电话不通,就在二营主阵地朝南方临津江上空,连发十发绿色信号弹。这样,我们看见了就会立即行动。"

"我记住了,股长。"谢以简把原话复述了一遍。

任股长摸回原地坐下,过了一会儿,柱子也悄悄来到谢以简前,说:"谢翻译,你回去经过侦察排时,顺便帮我喂喂我的那只山雀,它一整天没喂食、喂水了。"

"我记住了,柱子。"

犹豫了好一会儿,柱子又接着说道:"对……你那儿离后方青山近,要不你干脆把它带回观察所去,喂完食后就在山上把它放了……"

"带回去,把它放回青山去?你不想要它了?"

"它本是大山的灵物,就让它回到青山去吧。我可不愿意它给鬼子炸死或是毒死,谢老师。"

谢以简吃了一惊。

他叫我谢老师,他是怎么想的?……以前我在政工处工作时,下到连队里,是有干部战士叫过我老师,可这都是两年前的事了,自到侦察股后再没有人这么称呼过我,这可是大姑娘上轿头一回。不过从这可以看出柱子是喜欢我、看重我的!这也说明小伙子已经成长起来了。在这战火连天的岁月里,他肯定有了一种对学习、对知识的渴望……

"嗯。"他下意识地回应道,"柱子,这次战斗你的任务特别艰巨,你可要注意一下自己的安全。"

"我知道,您放心……可是,谢老师,您也要特别注意自身的安全,您看,您那个备用的观察哨位已经炸塌好久了,到现在也没有重修,我看见主观察所人一多,您就自个儿趴在那个大弹坑里继续观察,这太危险了,等过几天我一定找人帮你挖个掩体,带猫身洞的……"

"柱子,说起来,我一直有个想法,现在前沿已经快推到临津江边了,我们的观察哨位也应该向前推进,可以推到二营营部那个山上,一号会同意的。只是眼下战斗那么紧,我这里人手又少,一时照顾不过来。"

"不着忙,等打完这一仗,我一定带几个人帮您把它建立起来。"石柱子道。

"好,我等着。"

旁边的人深深地吸了一口烟,烟头发着微弱的红光,谢以简在这微弱的红光中看到站在面前的柱子胸前还搂抱着一个长长的铁杆子。

什么东西?他想了一阵,才想起:这次进攻,侦察排打乱了原有的建制,组成了三个战斗单位:突击组、火力组和破坏组。柱子是破坏组组长,他们的武器是爆破筒、炸药包和手雷,大概是为了一下子就把敌人的地堡报销掉,他把两根一米多长的爆破筒接成一根长筒。在黑暗中看来,它就像一具直立的大炮。

谢以简认为:自己也是一名战斗员,深深为不能参加这次重要的战斗而愧疚。因此,他非常愿意在这个时刻作为后勤,为大家做一点事情。

"还有谁有什么事情?"他小声地问道。

没有人出声。

"这些老实又有心计的战士,他们大概不愿在这样时刻说些没大要紧的私事,怕影响军心。"他想。

他不再说什么,默默地掏出烟荷包,抓了一小撮烟叶末,用裁剪好的纸条卷成了一根烟,借个火点着,深深地吸起来。

晚饭匆匆开过,又不知过了多少时间,一号的警卫员匆匆跑来,向任股长传达紧急命令:由于敌情变化,一号决定提前半小时对134发起总攻,总攻的计划已经军、师首长批准,即在傍晚五时三十分进行炮火准备。侦察排须在我军炮火掩护下,急行军穿越开阔地,抵达攻击出发地——西江市废墟。

原来,半小时前,敌重炮对我155高地及122.9高地施行了数发炮弹试射,另据前沿哨兵报告:敌坦克群正向临津江南岸集合,似有过江的态势。再综合多日来的敌情看,陆续有敌军增援134,山上深夜传来不停的挖壕声。因此一号判断敌可能先我动作,于傍晚对我155阵地发起突袭。美国佬极少在深夜实施攻击,一般都在拂晓或薄暮时进行,134距我控的155不过四五百米,正好是其突击队的屯兵点。

"先下手为强,战争的一般法则是这样,若是让敌人抢了先手,我们三四个星期的辛苦筹划、准备都将付之东流。"谢以简想。

"现在几点钟了?"任股长跟警卫员对表。

"五点十分。"

"全体注意:"股长站到洞子中间大声说道,"到洞子外面交通壕内集合,各组长分别检查一下每人的武器、弹药和着装。"

黑森森的洞子里一下子沸腾起来,武器碰撞声,人的起立与走动声与各组长的召唤声响成一片,烟头的红点熄灭了,侦察兵们默默地依次走出洞去。

头顶上的绿头苍蝇不见去向，四周还十分明亮，一轮夕阳刚刚坠落于马良山西的群峦中，空中呈现出一片红霞，金色的光芒投向半明半暗的大地，也给乌云镶上了一道金边。

谢以简暗自为这些战友们祈祷，觉得这无比美丽的天空似乎在预示着他们的胜利。交通壕是在山凹里，视线被高高的胸墙所阻挡，他爬出了交通壕，站在邻近的高冈上，他看到了青霭笼罩的155、134和碎金叶片般闪烁的临津江。

"集合！"獾子小声地叫着，他已斜挎好冲锋枪，站在排头上。

其他的人纷纷按组进入队列，交通壕很狭窄，大家只能按单排排列。为防秋夜的寒冷，股长命令所有的人都穿上新发的草绿色棉军装。现在，每个人都是全副武装：枪支、弹药、匕首、小绳、手榴弹或手雷；火力组增加了30式重机枪，一只火箭筒；破坏组携带了足够的炸药和爆破筒。

"各人检查武器着装，跳一跳、跳一跳！"

一个接一个蹦跳起来，交通壕内轰轰作响，有人在系紧皮带，有的把鞋带重新系好，壕沟内一下子充满紧张然而活跃的气氛。

队伍重新站好了，个个手持武器，高挺起胸脯，身体挨着身体，像一道钢铁的墙。最后的霞光映照出他们刚毅、黎黑的面容。这时候，谢以简忽然感觉站在他面前的是一群全身铠甲，即将赴战决死的古代勇士，在他们的前面，要么是胜利归来，要么是战死沙场。

任股长也站到交通壕的胸墙上，后面跟着覃文富，他背着一支卡宾枪。

任股长招呼獾子道："朱德彪同志，还有点儿时间，让每个人都表表态吧。"

獾子稍稍犹豫了一下，立刻用他响亮的苏北口音大声说道："我表态，我今晚上一定要把大家带上134高地，要是我朱德彪受伤了，你们抬也要把我抬上134去！"

赵会是突击组组长，举起了右手宣誓道："134就是我最后的归宿，我一定要带领全组冲上山头，并且尽量减少伤亡。如果我光荣了，就把我这个流浪伢埋在134山顶上。"

河北老班长是突击组副组长，他举起了手中的冲锋枪，说道："俺也向党组织表个态，俺，一个老战士，老共产党员，没有多少话说，一定要消灭鬼子，完成任务，直到倒下为止！"

杨庆祥是火力组的副组长，他举起手中的郭留诺大式机枪宣誓道：

"前天我在慰问袋里接到了一封信，是山东汶上县一个小学生写的，要我们勇敢杀敌，保家卫国。现在，时机到了，为了保卫这些小学生们，也为了保卫我自己的小崽子，我一定要拼命完成组织交给的任务，我已经向组织表明白：请求党组织给我最后一次机会，允许我将功赎罪。"

轮到破坏组了，柱子左手扶着长爆破筒，右手高举，直指霞天大声说道：

"我向党组织和全排战友们保证：134就是我的共产主义社会，就是倒下，也要倒在134上！在排的坑道内，我的挎包里，有我积攒的一点津贴费，如果我倒下了，请把它全部交给党组织做党费。"

壕沟内寂然无声，轮到胸墙上的覃文富了，他举手向大家行了个军礼，大声道：

"我现在在全排党员同志面前提出入党申请，请同志们在134山头上考验我，审查我吧！"

西江市方向接连响起了机枪连射声，任股长沿着胸墙来回踱了几步，然后沉稳地说道：

"同志们，战友们：今天晚上是我们团与美帝国主义老牌侵略军'满洲团'决战的时刻，无论付出多大的代价，我们都必须战胜它，消灭它！听到前面敌人的枪声了吧，再过不了多大一会儿，我们的大炮就会把它们打成哑巴。同志们，你们的表态使我很受感动，我也说两句：我一定要和同志们一道完成任务，今晚上我就是爬也一定要爬上134。今晚战斗中，我的第一代理人是朱德彪同志，第二代理人是石玉柱同志，要是我倒下了，就由一、二代理人继续指挥全排完成任务。覃文富同志是我的战斗通讯员，大家一定要服从他传达的指挥员的命令。"说完，他边走边仔细检视每张热切仰视着的熟悉的面孔。

暮色苍苍，大半天空已为黑暗所笼罩，只剩西边起伏的地平线上还留有一条光带。附近的山峦、长蛇般的交通壕，山岗上的暗堡和这儿交通壕内的侦察员们,都已融入轮廓昏蒙的背景中。

"嗵!嗵嗵!嗵嗵嗵嗵……!"炮火准备开始,几排7.62野炮弹齐射向临律江的对岸山上的敌指挥所和观察所。霎时间,低空中发出了"呜——呜——呜"的加榴炮弹尖啸声,像飓风般刮向敌方。就在这狂啸不止的风声中,带着粗大的火尾的喀秋莎火箭弹也参加了这战神的齐奏,火焰、爆炸吞没了整个134山头;团炮的环射包围了它的山脚,破坏着所有的雷区、铁丝网、坦克陷阱;另有几门重炮集中射向临津江南岸和江心,二营主阵地、金岘洞南山上时而零星地闪射出敌人反击的炮火。

"出发!"獾子挥了挥手,像唱歌般高声叫道。

谢以简并拢双脚行注目礼,俯望着侦察兵们逐个拉开了距离,鱼贯奔下山去。

## 三十一

——"如果敌人不投降,就爆破他!"

谢以简在震耳欲聋的炮声中匆匆跑回侦察排的坑道里,摘下雀笼,立即返回主观察所。其时那儿里里外外已挤满了人。一号和作战参谋站在露天口上的剪形镜前,三号、五号和一号的警卫员站在镜旁;掩蔽部内更是人满为患,一台大报话机架在中间地上,话务员蹲在它的前面,巷道内的摇机兵正在不停地使劲摇动着小发电机。三股长坐在值班观察员经常坐的吊凳上,一面看报话员的操作,一面用手扶着土台子上的有线电话机,准备随时为一号接通电话。

炮声隆隆,山前的半空中不时有白光闪动,那是敌人向我指挥所发射的空炸弹。谢以简怕惊吓了小鸟,赶紧钻进自己的洞子里,将鸟笼挂在尽里头的桁梁上,又去山后掐了一小把草籽,弄了一点水,喂给小鸟,然后走出洞来,想在人群中间寻找一个观察的位置。但人那么多,又都是些要紧的人,他不想跟这些人推搡,就在离那儿不远的交通壕内找到了一个地方,这正是上回炮弹炸瞎了他眼睛,让他背上至今留下大疤的地方。现在那缺口已经堵上，但壕沟却只有一米多一点深，因此，站在里面，视界开阔，并不次于那边的露天观察口。

天色渐渐黑暗下来，我军的炮火继续像刮大风似的向南刮去，134山上像是沸腾的熔岩，火星向四下飞溅，他没有望远镜，只能凭一双肉眼和夜视的经验，半是观察，半是揣摩炮火集中射击的目标，他熟记134山上的地形和工事的编号，当炮火准确地击中某个编号地时，他再也禁不住大声地叫好，他仿佛看到烈焰中敌人的钢板、麻包、原木、铁丝网和尸体在飞舞，火炮和机枪熔化为碎铁……

待他再次仔细向西南远眺时，西边巍巍的马良山的黑影上方，斜向134的方向射出一连串绿色的信号弹和一长串如流的机枪曳光弹。美丽的曳光弹流升向黑暗的夜空，然后像雨点般散落下来，落到炮火纷鸣的山谷中。

猛烈的炮火骤然停止，远程炮兵开始向敌纵深目标延伸，134山上响起爆豆般的冲锋枪、机枪、小炮和手榴弹的射击声，中间不时夹杂着巨大的闪光，那是我们步兵爆破手在炸毁冲击道路上的障碍；同时，团营追击炮和步兵炮、高射机枪向134山脚环形地带猛烈射击，以阻止敌人的退却和援兵的上山。

在我军暴风骤雨般的重炮轰击下，猬集在临津江边的敌人坦克群陷入了绝路，隐藏江底的坦克桥可能已被我炮火集中摧毁，前面的坦克陷落在江水中动弹不得，后面的坦克欲退不能。这时，我军突过开阔地的轻型坦克如下山的猛虎，对排列在对岸岸边的敌坦克展开了致命的直接射击，被击中的敌坦克燃起了大火，映红了临津江水。

二营营长报告：五连几个排已同时突入敌正面防御阵地，敌人依靠各种地堡、暗堡仍在进行顽固抵抗。

"要赶快占领有利阵地，不顾敌人抵抗，大胆靠近敌人，靠得越近越好，这样来避免敌人炮火的逆袭。"一号命令道。

果然不出一号所料，敌人发现134正面阵地大部已被我军破坏，趁我大部分重炮兵暂停射击，或者向前延伸的机会，全线远近炮火开始猛烈袭击134山前，正面攻击我步兵群。

"你们的伤亡怎么样？"电话线断了，一号使用报话机问道。

"报告一号，伤亡不少，我们没有隐蔽地。我们是在明处，敌人是在暗处，很不好打……而且，敌人好像也有坑道……"

"不要怕伤亡，也不要怕敌人有坑道，敌人的坑道只能是一小截一小截的，他不可能构成像我们那样的坑道系统。而且敌人是些胆小鬼，他们有了洞子、坑道就更不敢冲出来跟我们决斗，要很好地利用爆炸器材，一个洞一个洞干净、彻底地消灭他们！消灭他们，听到了吗？"

"是。"二营营长答道。

但这件事确乎出于一号和我们的预料，过去，敌人在山头上一般只建有野战工事，如美国人喜欢修筑的双人散兵坑、机枪、火炮掩体，战壕一侧的防炮洞，用钢板和沙包覆盖的地下掩体。按照我军这次攻击前的估计，敌人所有这些防御工事都很难逃脱我军强大的炮火的破坏，即使有个别死角上的工事残存下来，必然无法组成有力的抵抗。

现在，敌人在我军的炮火极大的增强火力后，也学乖了，他们也挖地道了，也学习打夜战了，但是正像一号说的，在黑夜里单兵或多兵决斗，是美国兵的最弱项。

134对着155的山头正面一片昏暗，但它的两侧却为缤纷如织的曳光弹流与爆炸火光所照着，看来敌人的正面阵地肯定已经陷落，残敌正在收缩力量，在两翼进行顽抗。

134紧靠临津江的南翼坡高路窄，地势险峻，是根易守难攻的硬骨头。而且，敌人想要进攻155，至少需要二至三个加强连的兵力，它的冲锋出发地必然会放在134山上，难怪五连报告，今天的敌人越打越多。

敌人的八英寸大炮也参与了炮火反击，在金岘洞南山后的我军炮阵地不断闪射出巨大的火光。敌人前沿的步兵炮火纷纷转向134山的正面，并在134与155之间构成了一道火力阻隔墙，以阻止我军部队从155向前方增援。

空中、地面上、山谷里到处是敌我双方的炮弹在爆炸，各种机枪连射声不绝于耳。

有一会儿工夫，134山上变得沉寂起来，望不见我军占领敌阵地发出的红色信号。战场上的情况瞬息万变，难道战斗情况有逆转，还是我们突击部队的力量过于单薄？然而，如果我们使用过多的突击部队,在敌人密集炮火下,伤亡将是很可怕的。那么,出路在哪儿?

山头上又传来阵发的机枪射击声和爆炸声,这表明山顶的中华男儿仍在与强敌厮杀。

一号不断举起大望远镜观察,一会儿又放了下来,过了一会儿,默默地对着被炮火撕裂的昏暗的夜空沉思。

谢以简忽然想起汉江北岸一次激烈的战斗后,任股长对剩下的侦察兵和其他步兵连的散兵讲的战斗故事。

1943年秋天,日军对苏北我军根据地的一次"扫荡"中,我们团利用敌军孤军深入和有利地形,对盘踞在一个地主大院的日军发起了冲锋,两次都冲进了大院里,与鬼子展开了肉搏战。由于院子的空间狭窄,障碍物多,而鬼子的火力极强,两次又都退了出来,不得不收拾伤员,暂时停止攻击。作为预备队的第三连在一旁看得清楚,发现敌人的主要火力都在大院的前部,而后院是空虚处。他们要求出击,得到上级同意后,悄悄地将队伍拉到大院后的小山上,在那儿组织好火力掩护,等敌人有所发觉,准备调转方向,这个连已突入后院,经过一场血战,终于把日本鬼子全部歼灭。

谢以简站在浅壕里,仰望硝烟弥漫的夜空,俯瞰烈火燃烧的134山头,不禁问道:

"侦察排现在哪儿?股长现在哪儿?他们会停留在西江市的废墟中?那里正是敌我双方坦克炮击的区域,不可能作为长时间的隐蔽地……"

"要是他们现在还没有上134，恐怕多半是隐蔽在陡崖下的丛林中，那是我方炮火的死角，而且，我也刚刚到过那儿，那儿周围正是敌人的布雷区，敌人一定考虑不到这个地方，那么，他们暂时是安全的……"

"任股长是快四十的人了，一号有时都称他为'老股长'。这次行动，他为什么不叫梁参谋去，而非要亲自带队去？梁参谋和我都明白：他的调令已经下达了……调升师侦察科长，他是完全够格的；他仗打得好，集训的次数也多，我们团侦察排多次受到军和师的表扬。他有威信，有文化，善于处理官兵关系，他早就该提升了，很明显，他和一号一样，舍不得离这个团，就是离开，他也在想离开团队前再为它做点什么……"

他转而想起了梁参谋："这大个子很听股长的，任由他支使。可是大个子对我似乎有点芥蒂，有点儿……他是东北人，喜欢跟东北人唠嗑，爱打扑克，和杨庆祥的关系很密切，替杨说过不少好话；我也爱唠嗑，跟谁都唠，跟谁也唠得不深。我也打扑克，没打到第三局，一见有人来，就赶紧让给别人玩了……这我没办法，我跟他与跟股长不一样，从没有细细交过心，股长是上司兼同志，他就是同事。看来，打完这一仗，他就是我的新股长了，我应该怎样跟他共事？……"

他正东一耙子西一扫帚胡思乱想，一发重炮弹落到了山前不远处，飞扬的碎片在空中尖啸着散落到各地，传来呛人的硝烟气味。

"进洞子里！"一号的警卫员冲上前用力地把他推到洞口上，一号踉跄了一下，怒吼道：

"走开，我要站在这里！"

洞子里和周围的人吃了一惊，三股长从吊凳上跳了下来，正想把位子让给一号。

一号转身看了看大家，缓了缓口气说道："管好你们自己吧，这是夜晚，我们看不清敌人，敌人也看不清我们，他是瞎打的，我们不要乱，洞里的人要少打手电。"

一号又举起了他的望远镜，望着星星闪烁的夜空和火光燃亮的南方山头，四周的人悄悄回到了各自的岗位上。

敌人的炮弹继续在134周围爆炸，妄图阻止我增援行动，空炸弹则覆盖了我团营主阵地的上空。

"要炮指。"一号命令坐在吊凳上的三股长。

三股长很快接通了有线电话，并把话筒递给了一号。

"是炮指吗？到时候了，十分钟后按第二预案执行……一定要集中火力，在短时间内压住敌人的炮火！"

"可是，首长，已经打了一个多小时了。"

"山上我们的突击部队遇到了困难，这是很明显的，但他们是英雄的'临津江突破连'，他们即使人打完了，也不会退下来！现在我们必须支援他们，有力地支援他们！"

"是，首长，我们炮兵会尽力去支援他们。"

一号接着通知隐蔽在155的三营支援部队：当我方炮火急袭一开始，立即不顾敌人的火力阻断，冲向134山两翼，策应

红旗插上山巅

(选自《抗美援朝战争史》第一卷卷首)

五连部队。

然后,他开始呼叫:

"临津江!临津江!……"

没有回答。

"临津江!临津江!……"一号继续呼叫。

传来了微弱的回声:"我是临津江,你是谁?"

"江山。"这是一号在这次战斗中的代号。

"我是江山,我要求你们在我方炮击开始后,立即按原订计划行动。敌人贴近江岸的侧翼是他的软肋,你们要勇猛冲上去,斩掉它的蛇头,任兴明听到了?斩掉蛇头!"一号用明语大声叫道。

几分钟后,二营主阵地黑暗的夜空中,飘升起一连串美丽的绿色信号弹,划了一个闪烁的弧圈。

临津江对岸重新为炮火所笼罩,西江市西南山也受到我军猛烈的炮火急袭。南山侧的7.62野炮阵地上闪烁出一连串白光,清脆的爆炸声响彻山谷。

原来我军重炮群在炮火准备后,只是部分的暂停射击,已转移到事先预设的第二射击平台,附近的弹药已定量储存好。因此,能在接到命令后立即二次投入战斗。

二次炮火急袭尚未终止,134山的侧翼只见曳光弹流横飞,手榴弹和步兵轻炮同时射向战壕和地洞中的敌人。

沸腾的134山上一片火光,只有朝江的南面还未发现很大的动静。谢以简曾经去过134的南麓,知道那儿是我军炮击的死角,也是敌人疏于防患的方向,他也知道那里是敌人铺设的雷区,地上、地下满是各种绊雷、炸步兵的圆形地雷和照明雷,山坡上还设置了多层铁丝网、鹿砦,到处是陷阱。要上山就只有华山一条路,就是那条敌人巡逻小队出入的狭窄的山路,小路右侧有一块巨石,獾子排长是够机灵的,他早认识到那条小路的重要,它是侦察兵难免行走的危径,也是他们执行任务的一条必经之路。看来,侦察兵们只有选择这条充满荆棘和死亡威胁的狭窄路了。现在那个方向暂时还是寂静的。

"你总是不愿意完全相信我们说的话……"他脑子里闪过獾子对任股长讲的话:"现在你可以看看我上回压在第三辆坦克履带下面的冲锋枪子弹了。"又闪现出獾子那天真而得意的姿态。

炮火急袭渐渐停止了,远处的敌军炮群好像到现在还没有缓过劲来。这时候,黑暗的134山南传来激烈的射击声,爆炸光不停地闪动着。

"接上火了!"他惊呼道。

枪声越来越密集,压倒附近山腰上的射击声。

"侦察排上去了!"

紧接着,完全出人预料,一支巨大的白色光柱从黑暗的江对岸山上直射过来,它左右晃动着几次,最后固定在134的南面,一定就照射在侦察排冲击的道路上。

那光柱的顶端从远处看来只是一个点,然而作为观察兵的谢以简知道：在实地上它的照射的范围能达到百米方圆，在这个范围内如同白昼，一切都暴露无遗；而现在，敌人是在暗堡，在洞子里，是在暗处，而我们的侦察兵却匍匐在蜿蜒狭窄的小道上，是在明处；而且我们是仰攻，敌人是俯射，这将是一种何等残酷的战斗？一阵夜风袭来，他站在烟雾弥漫的黑暗中，不禁不寒而栗起来。

敌人的探照灯是从江对岸左侧发射的，他找到了缪金才，对证了探照灯的阵地编号，立即过来报告了一号。

一号命令野炮即时以一两个急速射最快地打掉敌人的眼睛。

一阵清脆的炮声，可恶的白色光柱消失了，临津江峡谷复归于黑暗。

134山后又响起了密如大年初一早晨的鞭炮响声，山后红光闪动，他似乎闻到了向北飞来的炸药气味。

眼下，134大半山头已沉寂下来，只有山南的射击声仍不绝于耳。

"一号，一号。"话务员将步话机递给首长。

话机内传出微弱但坚定而熟悉的股长的话音："报告江山，敌人都猬聚在后山的洞子里，死活不肯投降，怎么办？"

"如果敌人不投降，就爆破他！"一号大叫道。

"轰！轰！轰隆！……"一串强光闪射后，又响起一连串机枪和冲锋枪的射击声，紧接着是一声接一声的巨响，134像地震般剧烈地晃动了几下，过了十几分钟，曳光弹渐渐稀少，零星的枪炮声中黑暗重新笼罩着临津江两岸。134峰顶上腾起三颗美丽的红色信号弹，它们发着强光，飘曳向北，最后消失在黑夜中。

"占领了!""占领了!"

"134是我们的了!"

观察所内外一片欢呼声，越过黑暗，下面的二营主阵地上也传来此起彼伏的欢呼，这声音似乎在向着全世界宣告我们的胜利。

## 三十二

——朝阳中小山雀奋力地向着北方葱茏的群山飞去……

黎明时分,梁参谋来到团观察所的休息洞,唤醒了正在小眯的谢以简,对他说:

"任股长先带着二十五名美军俘虏到师部去了,师里来电话要他即日到师部报到。因此,他来不及跟大家告别,排里同志知道他要走都很难过,都在念老股长的好处。他临走前要我告诉你,他这次没有时间来看你了,以后会来的。希望你把观察所的工作坚持到最后。他还对我说:'相信你和小谢会合作得很好的。'"

谢站起身,行了个注目礼,道:

"一切听从梁股长指挥。"

这陡然发出的言语和动作弄得两个人都笑了。

梁参谋又说:"134这场阵地攻坚战打得非常漂亮,虽说我们也付出了相当代价,但战果很丰硕,共俘敌三十五人,其中有十个彩号;击毙敌人有九十多人,包括一名少校、一名上尉和好几个中少尉军官；击伤的敌人应该更多，这样，除极少数敌人从山后爬崖逃下山外，其余全部被歼。听赵会初步盘问，敌人是属于美二师九团的B连和F连，也就是说，在134有两个美军加强连被全歼，加上之前在155被击溃的两个营，美二师满洲团已受到重创。

"五连、六连、七连共阵亡五十六人，还有三十多人重伤；侦察排有四人阵亡，三人重伤，伤员马上就要抬到这里，再转往山后的团卫生所，分别给予治疗或掩埋。……"

洞外天色已渐明亮，附近的山岭、小路、蜿蜒如长蛇般的交通壕、炸死的枯树残桩都显露出来，西南山顶上的交通壕内传来很大的人喧声，

谢以简快步走向山后，地上的青石、黄土寒冷而潮湿，他急于想知道排里有谁牺牲了，有谁重伤了，以及他们牺牲的具体情形。

狭窄、弯曲的山顶交通壕内停放着一副副担架，战士们正在休息。站在前面的是獾子排长和覃文富，小覃左手拄着根棍子，右手只剩下上臂的一半，用三角带吊着。看见了谢以简，他的两眼红润了，泪珠在眼睑内滚动着。

"小覃怎么搞的，排长？"以简惊问道。

"他跟随在突击组的后面，当时刚传达完股长突击后山的命令。这时候，敌人的探照灯亮了，那该死的白光把我们前面的人一下子都暴露了，大家正在山坡的窄道上，没有遮挡，没有退路，股长命令：上！突击组的人冲了上去，投了几颗

手榴弹,小覃也跟着往上冲,结果被敌人的一挺30重机枪打到了右臂上,30机枪的子弹是炸子,见血就炸,当时就把他的手臂打断了,小覃断了右臂膀,并没有停下来,而是右肩吊着断臂,左手抓过卡宾枪,向着敌人机枪回击了一梭,掩护前面的人。冲到一个山冈后面,我把他按到地上,给他绑上止血带,但是血没法完全止住,幸好柱子炸塌了敌人的坑道,战斗结束了,我去找来二营的军医,给他重新包扎止血。军医看完,指着那只断臂对小覃说:'你还带着它干什么?它接不上了,弄不好会感染破伤风。小伙子,割掉它吧。'小覃没有出声,军医就连皮带肉带棉军服袖子将手臂刷的一刀子截掉了。我在一旁看了真心疼,我看小覃始终噙着眼泪,咬着牙,没有喊一声,真是够坚强的。"

谢以简一阵心酸,转身安慰道:"小覃,少了一只胳臂不要紧,你还有一只,你的整个机器都是好的,不要太伤心,到了荣军学校,他们会好好照顾你的。……等我们将来回国,一定要去看望你。"

小覃默默地点点头,大滴泪水在眼珠周围打转。

"他是我们中间最年轻的……广西娃……"想到这,以简的两眼内泪水也滚涌起来。

"有谁牺牲了?"他问獾子。

"石柱子和华北部队来的那个班长,还有两个侦察兵。"獾子指着地下四副有尸套的担架说。

谢以简的泪水一下子迸流出来,他望着尸套里那又长又

大的双脚,胆怯地疑问道:

"这是石柱子?"

抬担架的赵会走过来,扒开了掩盖着头脸的一角尸衣,露出沾满血污、泥浆和扭曲了的脸部,要不是那坚韧正直的高鼻梁,他简直无法辨认出石柱子那张温善的脸来。那被炸开的双唇,似乎还在调侃与慰抚着别人;他忘不了柱子让他写家信时说的话:

"爷爷,打完蒋介石我就回百花山去,跟你一起种地、砍山、打狍子……"

谢以简不忍看下去,就问道:

"他是伤到了头部?"

"满身都是。"赵会答道。

"破坏组和火力组紧跟在突击组后面,当探照灯一熄灭,我们不顾一切地往上冲,冲到了敌人的一个洞子前。洞子里有灯光,有电话声,肯定是鬼子指挥所。股长要我们上去把它干掉。可是,敌人的几挺机枪压得我们抬不起头。柱子急了,又想起他的老招数,从敌人的枪口下穿过去。正要绕到敌人的侧后方,被另一个地堡的敌人发现了,几颗手榴弹从上面扔下来,把他的肚子炸开了花,头部也负了伤,他一定是往上爬的时候被敌人炸伤的。我看他抱着长爆破筒滚到一边,就急忙上前去帮他包扎一下,可是伤口太大了,肠子流得到处都是。他还想把肠子收拢往肚子里塞,可是塞了又流了出来。"

敌人的机枪、冲锋枪不停地向外射击,手榴弹成堆地沿山坡向下滚落、爆炸。突击组的河北老班长爬到洞外一个机枪射击的死角上,看准敌人一挺身连续向洞子投掷了两颗手雷。

手雷爆炸,震得满地石块、碎片乱飞,硝烟弥漫在整个敌阵地前。他叫了一声:"上!"抓起冲锋枪带领另一个突击组成员趁着烟火冲向洞口,一面向洞子里猛射,但他们无法看清洞口内的情形。

突然,烟雾中敌人的30重机枪又响了起来。原来老班长在山下向山上投掷的手雷,未能投进洞子里,就在洞口爆炸了,虽然把洞口炸塌了一角,也震死了几个敌兵,但没有伤及隐蔽在洞子深处的敌军官兵。当敌人清醒过来,立刻又拿起武器,冲到洞口向外猛射。

老班长此刻正冲到洞口正面,立刻被敌人的机枪打倒了,另一个突击队员也被手榴弹炸伤,滚到洞子一侧。

"嗒嗒嗒嗒……嗒嗒嗒嗒……"30机枪尖叫着,一排排曳光弹流飞过侦察兵的头顶,或坠落在他们的身旁。

杨庆祥帮助包扎了柱子头部的伤口,但是腹部的创口太大,怎么也包不好。

"柱子,你的伤太重了,得找军医来给你包扎,你把爆破筒交给我,我替你完成任务,我要为老班长报仇……赵会,你掩护我!"

"不,"柱子紧抱着"大炮"说,"你别上,没时间了,还是我上,你们俩掩护我。"

说完,他一手捂着肠子,一手怀着长爆破筒从侧面爬到指挥所的洞口边,迅速拉了火将爆破筒投进洞子里,但是不知是敌人把它推了出来,还是他力气不济,冒着烟的筒又落了下来,就在这一刹那,柱子挺起身,抓住长长的爆破筒把它再推向洞口,爆破筒炸开了,震死了洞口上的敌机枪兵,30机枪被炸开了,我们的人堵住了洞口,纷纷向洞子里投掷手榴弹,赵会向洞子深处发射了一个火箭弹,敌人哇啦哇啦乱叫,跟着就伸出来一根挂着白旗的旗杆和一面低垂着半张开的旗帜——应该是满洲团的一面军旗。十几个美国军官和士兵高举双手走出洞来,而血肉模糊的石柱子就倒在洞口的下面。

"柱子好样的。"赵会哽咽道。

"你们准备把他们安葬在什么地方?"谢以简问道。

"排长说,就埋在这条山沟对面的青山后背,找一个敌人炮击的死角,深深挖四个坑,让班长他几个在这大山里歇息吧。"赵会说。

此刻,他的头脑里空荡荡的,过了好一会儿,才想起柱子交给他的那只小鸟,就转身回到坑道里,把雀笼拎了出来,那个非常好看的树条编制的小笼子。担架队已休息完毕,开始往山下走,他爬到最高处的交通壕的胸墙上。

清晨的天空一片清光,方才还高悬在西方空中的半月已消融不见了。东边起伏的群山上褐红色的云朵渐渐转变为宽阔的、灰蒙蒙的云雾,像烟海,又像浮云,就在这灰色的宽带上,突然浮泳出一个巨大的、圆形的、红彤彤又半透明的朝阳,它缓缓升起,蕴涵着无限的力量与速度,转瞬间变成了一个轮廓鲜明耀眼的、橘红色的火球,明光四射。

谢以简望得眼晕,眼中的旭日起了重影,正在下山的赵会忽然停下来回过头对着东方天空叫道:

"老爷儿出来啦!"

"是呀,老爷儿出来啦!"谢以简大声应和道。

五连的担架兵们也纷纷喊了起来:"老爷儿出来啦!"

他想起了柱子,想起柱子无限热爱的田野、山川,清水河畔的山村,村子里当过义和团童子军的石爷爷,想起他委托给他的这只小鸟——"它本是大山的灵物,早早晚晚还要回到山林里去的。"

他拉开了雀笼的门闩,山雀在口上徘徊了一下,用黑色的尖喙叼了叼门框,然后一跃而起,飞进了低空中。它没有远去,而是画了一个圆圈,又向着雀笼这边飞了回来。谢以简下意识地把笼子向前推了推,山雀腾起,又绕了个大圈,之后奋力地向着那郁郁葱葱的对面青山飞去,最终消失在刺眼的阳光中。

赵会和其他抬担架的战士也已消失在山下小路的拐弯处。山顶上变得异常清澄,他登上金岘洞南山的最高处,遥瞰西南方向那三座光秃秃的、浮现于雾海中的小岛:122.9、155和134,视力久久停留在那最后一座小岛上。他的远视眼透过过滤了的晨空，清楚地看到小岛峰顶上有一个红点——那是我军占领后插在山上的红旗，慰问团授予该团的锦旗，正在晨风中飘扬，他似乎听到了它发出的清脆悦耳的响声。

又过了一段时间，晨雾完全退去，他再次看到了134山下那一角浮游着的、闪闪发光的跳跃的金色鳞片的临津江。

部队已经在马良山下战斗了近一年，团从金岘洞南山主峰一直打到了江边，扫清了江上最后一个疑障，据报友军即将前来接防，他们军将转移到平壤地区整训，同时防止敌人从朝鲜西海岸登陆和对平壤市的空降。他站立在陡峭的山脊上，向着远处闪闪发光的河流大声喊了一句：

"安尼昂希卡塞，绿色的临津江！"

# 书后的话

经过三年英勇战斗，中国人民志愿军终于将以美帝国为首的"联合国军"从鸭绿江边一直驱赶至三八线附近，捍卫了新生的人民共和国的安全与建设，恢复了朝鲜民主主义人民共和国的领土完整与尊严。这是中国近代史上一次伟大的胜利。战争期间一九五一年秋至一九五二年秋我军在朝鲜半岛蜂腰部山区进行的阵地防御与反击战稳定了对我方有利的战略态势，给敌人以致命打击，敌军伤亡超过此前的历次战役。据美第八集团军司令范佛里特一九五二年十月给"联合国军"总司令克拉克的报告："目前我们都在为应付敌人的进攻采取防守行动，致使我们遭到了一九五一年十月和十一月以来所有战斗中最惨重的伤亡。"（摘自《抗美援朝战争史·第三卷》，军事科学出版社，2000年，第1873页）敌人的颓势明显，我军则蓄势进击，连续发动了一九五三年夏季反攻和其后的金城战役，美方已丧失了持久战斗的意志，终于在一九五三年七月二十七日走入我方建立的凸型大厅，最终在《朝鲜停战协定》上签字。

《临津江的黎明》主要叙述一九五二年春至秋志愿军一个步团的作战历程，其中重点描述了该团侦察队在临津江江畔的战斗生活。作者时在团侦察股工作，于朝夕相处、生死与共中熟悉了每个侦察兵的来去，他们的喜好、忧思与欢乐，逐渐爱上了这群活泼、勇敢、爱开玩笑的"夜猫子"；他们几乎每晚都活动在双方空当——临津江江畔的开阔地，有时也潜入敌人一线阵地内或其后方，捕俘、了解敌火力设置、雷区以及前沿的防御设施，有力地护卫了团前沿阵地的安全，为主力分队进攻开辟道路或进行侧应。

七十年过去，我们都已成为耄耋老人，但当年这群年轻侦察兵的一举一动、欢声笑语至今仍记忆犹新，难以忘怀，总盼望何时能将他们在临津江——这条朝鲜民族母亲河畔战斗生活的故事真实地记录下来，酝酿了很久很久，终于在纪念我军过江战斗七十年时，大胆地写成了这部实录性的战争小说。

现在小说付梓出版，我由衷地感谢北岳文艺出版社的领导，出于对抗美援朝胜利历史的珍视，对人民军队的热爱，对这本篇幅中型的纪实性历史小说给予最大的支持与肯定，使之最终得以与读者相见；而直接负责本书编辑出版与联系的韩玉峰同志不惮烦琐与辛劳，对作品的修改与润色提出了不少宝贵意见，在此一并表示感谢。

书中数帧摄影插图取自中国人民志愿军第三十九军司令部政治部赠送的《抗美援朝纪念册》、人民文学出版社出版的

《志愿军一日》及军事科学出版社出版的《抗美援朝战争史》，与这本纪实性作品内容有一定关联，中间一帧《山崖上敌人举起了双手》虽有些模糊不清，却为战场实拍，尤弥足珍贵。

最后，我想借此机会谈谈本书的创作方法，本书（包括"求索"三部曲的其他两部：《红与灰》《三剑客》）大致都属于现在流行的现实主义非虚构小说范畴，但又有自己的一些特点，值得加以注意。因此，我想加以正名，称之为"新真实主义"小说。

它与19世纪后期诞生的意大利的"真实主义、法国的'自然主义'、日本的'私小说'和二十世纪中叶意大利战后的"新现实主义"艺术有一些类似的特点：如都强调艺术的真实性原则，反对人物与环境、事件的概念化、定型化；倡导文学的科学性、强调写作者的亲身经历或亲身听闻与自身的体验与发现；常使用第一人称写作（如我书中的主人公谢以简——"他"即可以用"我"取代）和作品"有限视角"的运用；非常注意挖掘人物深层次的心理活动；从题材上看特别重视反映普通人（或小人物）的生活命运，同情下层人民的苦难与无奈等等。

它们的缺陷与局限是：过分注意纪实性，注意细节的特殊性、真实性而忽略了文学的典型性；重视小人物的生活命运而忽略了更广阔的社会阶层及其积极斗争，因而作品常流露出压抑、悲观的情调，而自然主义的"科学性"常常将社会规律与自然规律、生理规律相混淆……当今的新真实主义则由于作者自觉的科学的社会历史观、世界观使他们重视现实生活中基本矛盾与积极面，在重视纪实性（真实性）、人物、事件与情境的细节真实的同时，也重视它们的典型性和普遍价值；既重视小说的写实性、细节的真实也重视艺术的选择、加工，重视虚构对小说创作的重要作用，如此等等，使它避免了旧真实主义的许多弊端。

对一些重大的社会历史事件，就亲历者来说，它是一种有力的表现方式。例如：拿破仑在一八〇四年，巩固了其政权且声望达到鼎盛时，要求教皇庇护七世为自许的神圣罗与皇帝加冕，教皇来到巴黎，在皇宫中双手举起皇冠正要安放在他的头顶时，拿破仑突然一手夺过冠冕，自行戴到了头上……这就是生活本身，绝非一个作家能够随意创造出来的。再如在《临津江的黎明》中，团在进攻134高地时已占领整座山头，但残敌退入分散的工事、地堡中仍顽抗不止，团长在接到二股长的报告时，当即对着无线话筒高声命令道："如果敌人不投降，就爆破他！"

战斗当时我正站在观察所外一号的身后，和周围的人一样，深深为这喊声所震动，终生留下印记，因此我毫不犹豫地将其写入小说之中。经常关注寻常人生活细节的人会不时发现一些引人入目的可爱或可恨的故事片段，成为新真实主义的又一创作源泉。

新真实主义，作为现实主义的一个流派或支流，有其艺术上的特点或强点，但也具有一定的局限和弱点，不可能取代众多的现实主义和非现实主义创作方法（包括我个人不少中短篇作品也不属于这一写作方法范畴）。

以上仅属个人探索性的见解，尚不成熟，诚恳期望诸多专家与读者给予批评指正。

李　迁

二〇二一年三月于东湖之滨